LA PUCELLE

D'ORLÉANS,

POEME EN VINGT ET UN CHANTS,

PAR

VOLTAIRE.

IMPRIMERIE DE A. BARBIER,
RUE DES MARAIS S.-G., N. 17.

LA

PUCELLE

D'ORLÉANS.

Nouvelle édition.

PARIS.

CHEZ LES MARCHANDS DE NOUVEAUTÉS.

1832.

PRÉFACE

DE DON APULÉIUS RISORIUS,

BÉNÉDICTIN.

Remercions la bonne âme par laquelle une Pucelle nous est venue. Ce poëme héroïque et moral fut composé vers l'an 1730, comme les doctes le savent, et comme il appert par plusieurs traits de cet ouvrage. Nous voyons dans une lettre de 1740, imprimée dans le recueil des opuscules d'un grand prince, sous le nom du Philosophe de Sans-Souci, qu'une princesse d'Allemagne, à laquelle on avait prêté le manuscrit, seulement pour le lire, fut si édifiée de la circonspection qui règne dans un sujet si scabreux, qu'elle passa un jour et une nuit à le faire copier, et à transcrire elle-même tous les endroits les plus moraux. C'est cette même copie qui nous est enfin parvenue. On a souvent imprimé des lambeaux de notre Pucelle, et les vrais amateurs de la saine littérature ont été scandalisés de la voir si horriblement défigurée *. Des éditeurs l'ont donnée en quinze chants, d'autres en seize, d'autres en dix-huit, d'autres en vingt-quatre, tantôt en coupant

---

* Lorsque ces éditions parurent, M. de Voltaire crut devoir les désavouer par la lettre qui suit, adressée à l'académie française.

MESSIEURS,

« Je crois qu'il n'appartient qu'à ceux qui sont, comme vous, à la tête de la littérature, d'adoucir les nouveaux désagrémens auxquels les gens de lettres sont exposés depuis quelques années. Lorsqu'on donne une pièce de théâtre à Paris, si elle a un peu de succès, on la transcrit d'abord aux représentations, et on l'imprime souvent pleine de fautes. Des curieux sont-ils en possession de quelques fragmens d'un ouvrage, on se hâte d'ajuster ces fragmens comme on peut; on remplit les vides au hasard, et on donne hardiment, sous le nom de l'auteur, un livre qui n'est pas le sien. C'est à la fois le voler et le défigurer. C'est ainsi qu'on s'avisa d'imprimer sous mon nom, il y a deux ans, sous le titre ridicule d'Histoire universelle, deux petits volumes sans suite et sans ordre, qui ne contiendraient pas l'histoire d'une ville, et où chaque date était une erreur. Quand on ne peut imprimer l'ouvrage dont on est en possession, on le vend en manuscrit, et j'apprends qu'à présent on débite de cette manière quelques fragmens informes et falsifiés des mémoires que j'avais amassés dans les archives publiques, sur la guerre de 1741. On en use encore ainsi à l'égard d'une plaisanterie faite, il y a plus de trente ans, sur le même sujet, qui rendit Chapelain si fameux. Les copies manuscrites qu'on m'en a envoyées de Paris sont de telle nature, qu'un homme qui a l'honneur d'être votre confrère, qui sait un peu sa langue, et qui a puisé quelque goût dans votre société et dans vos écrits, ne sera jamais soupçonné d'avoir composé cet ouvrage tel qu'on le débite. On vient de l'imprimer d'une manière non moins ridicule et non moins révoltante. Ce poëme a été d'abord

un chant en deux, tantôt en remplissant des lacunes par des vers que le cocher de Vertamont, sortant du cabaret pour aller en bonne fortune, aurait désavoués *.

---

imprimé à Francfort, quoiqu'il soit annoncé de Louvain, et l'on vient d'en donner en Hollande deux éditions qui ne sont pas plus exactes que la première.

Cet abus de nous attribuer des ouvrages que nous n'avons pas faits, de falsifier ceux que nous avons faits, et de vendre ainsi notre nom, ne peut être détruit que par le décri dans lequel ces œuvres de ténèbres doivent tomber. C'est à vous, messieurs, et aux académies formées sur votre modèle, dont j'ai l'honneur d'être associé, que je dois m'adresser : lorsque des hommes comme vous élèvent leur voix pour réprouver tous ces ouvrages que l'ignorance et l'avidité débitent, le public que vous éclairez est bientôt désabusé.

Je suis, avec beaucoup de respect, etc. »

* Dans les dernières éditions que des barbares ont faites de ce poëme, le lecteur est indigné de voir une multitude de vers tels que ceux-ci :

Chandos, suant et soufflant comme un bœuf,
Tâte du doigt si l'autre est une fille.
Au diable soit, dit-il, la sotte aiguille !
Bientôt le diable emporte l'étui neuf.
Il veut encor secouer sa guenille...
Chacun avait son trot et son allure.

On y dit de saint Louis :

Qu'il eût mieux fait, certes, le pauvre sire,
De se gaudir avec sa Margoton...
Onc ne tâta de bisque, d'ortolans, etc.

On y trouve Calvin du temps de Charles VII. Tout est défiguré, tout est gâté par des absurdités sans nombre : c'est un capucin défroqué, lequel a pris le nom de Maubert, qui est l'auteur de cette infamie, faite uniquement pour la canaille.

Voici donc Jeanne dans toute sa pureté. Nous craignons de faire un jugement téméraire en nommant l'auteur à qui on attribue ce poëme épique. Il suffit que les lecteurs puissent tirer quelque instruction de la morele cachée sous les allégories du poëme. Qu'importe de connaître l'auteur? il y a beaucoup d'ouvrages que les doctes et les sages lisent avec délices sans savoir qui les a faits, comme le *Pervigilium Veneris*, la satire sous le nom de Pétrone, et tant d'autres.

Ce qui nous console beaucoup, c'est qu'on trouvera dans notre Pucelle bien moins de choses hardies et libres que dans tous les grands hommes d'Italie qui ont écrit dans ce goût.

Verùm enim verò, à commencer par le Pulci, nous serions bien fâchés que notre discret auteur eût approché des petites libertés que prend ce docteur florentin dans son Morgante. Ce Luigi Pulci, qui était un grave chanoine, composa son poëme, au milieu du quinzième siècle, pour la *signora Lucrezia Tuornaboni*, mère de Laurent de Médicis-le-Magnifique; et il est rapporté qu'on chantait le Morgante à la table de cette dame. C'est le second poëme épique qu'ait eu l'Italie. Il y a eu de grandes disputes parmi les savants pour savoir si c'est un ouvrage sérieux ou plaisant.

Ceux qui l'ont cru sérieux se fondent sur l'exorde de chaque chant, qui commence par des versets de l'Ecriture. Voici, par exemple, l'exorde du premier chant :

In principio era il verbo appresso a Dio;
Ed era Iddio il verbo, e il verbo lui.
Questo era il principio al parer mio, etc.

Si le premier chant commence par l'évangile, le dernier finit par le *Salve, Regina;* et cela peut justifier l'opinion de ceux qui ont cru que l'auteur avait écrit sérieusement, puisque dans ce temps-là les pièces de théâtre qu'on jouait en Italie étaient tirées de la passion et des actes des saints.

Ceux qui ont regardé le Morgante comme un ouvrage badin n'ont considéré que quelques hardiesses trop fortes auxquelles il s'abandonne.

Morgante demande à Margutte s'il est chrétien ou mahométan.

E se egli crede in Cristo o in Maometto.
Ripose allor Margutte, per dir te'l testo:
Io non credo più al nero ch' all' azzurro;
Ma nel cappone, o lesso, o voglia arrosto,
. . . .
Ma sopra tutto nel buon vino ho fede.
. . . .
Or queste son tre virtù cardinali,
La gola, il dado, e'l culo, come io t'ho detto.

Vous remarquerez, s'il vous plaît, que le Crescembeni, qui ne fait nulle difficulté de ranger le Pulci parmi les vrais poëtes épiques, dit, pour l'excuser, qu'il était l'écrivain de son temps le plus modeste et le plus mesuré : *il più modesto e moderato scrittore*. Le fait est qu'il fut le précurseur du Boyardo et de l'Arioste; c'est par lui que les Roland, les Renaud, les Olivier, les Dudon, furent célèbres en Italie, et il est presque égal à l'Arioste pour la pureté de la langue.

On en a fait depuis peu une très-belle édition *con licenza di superiori*. Ce n'est pas moi assurément qui l'ai faite; et si notre Pucelle parlait aussi impudemment que ce Margutte, fils d'un prêtre turc et d'une religieuse grecque, je me garderais bien de l'imprimer.

On ne trouvera pas non plus dans Jeanne les mêmes témérités que dans l'Arioste ; on n'y verra point un saint Jean qui habite dans la lune, et qui dit :

Gli scrittori amo, e fo il debito mio,
Che al vostro mondo fui scrittor anche io ;
E ben convenne al mio lodato Cristo
Rendermi guiderdon d'un si gran sorte, etc.

Cela est gaillard, et saint Jean prend là une licence qu'aucun saint de la Pucelle ne prendra jamais. Il semble que Jésus ne doive sa divinité qu'au premier chapitre de saint Jean, et que cet évangéliste l'ait flatté. Ce discours sent un peu son socinien. Notre auteur discret n'a garde de tomber dans un tel excès.

C'est encore pour nous un grand sujet d'édification que notre modeste auteur n'ait imité aucun de nos anciens romans, dont le savant Huet, évêque d'Avranche, et le compilateur l'abbé Lenglet, ont fait l'histoire. Qu'on se donne seulement le plaisir de lire Lancelot du Lac, au chapitre intitulé : « Comment Lancelot coucha avec la royne, et comment le sire de « Lagant la reprint ; » on verra quelle est la pudeur de notre auteur en comparaison de nos auteurs antiques.

Mais *quid dicam* de l'histoire merveilleuse de Gargantua, dédiée au cardinal de Tournon? On sait que le chapitre des *Torche-culs* est un des plus modestes de l'ouvrage.

Nous ne parlons point ici des modernes; nous dirons seulement que tous les vieux contes imaginés en Italie et mis en vers par La Fontaine sont encore moins moraux que notre Pucelle. Au reste, nous souhaitons à tous nos graves censeurs les sentimens délicats du beau Monrose; à nos prudes, s'il y en a, la naïveté d'Agnès et la tendresse de Dorothée; à nos guerriers, le bras de la robuste Jeanne; à tous les jésuites, le caractère du bon confesseur Bonifoux; à tous ceux qui tiennent une bonne maison, les attentions et le savoir-faire de Bonneau.

Nous croyons d'ailleurs ce petit livre un remède excellent contre les vapeurs qui affligent en ce temps-ci plusieurs dames et plusieurs abbés, et quand nous n'aurions rendu que ce service au public, nous croirions n'avoir pas perdu notre temps.

LA PUCELLE
D'ORLÉANS.

CHANT PREMIER.

ARGUMENT.

Amours honnêtes de Charles VII et d'Agnès Sorel. Siége d'Orléans par les Anglais. Apparition de saint Denis, etc.

Je ne suis né pour célébrer les saints:
Ma voix est faible et même un peu profane.
Il faut pourtant vous chanter cette Jeanne
Qui fit, dit-on, des prodiges divins.
Elle affermit de ses pucelles mains
Des fleurs de lis la tige gallicane,
Sauva son roi de la rage anglicane
Et le fit oindre au maître-autel de Reims.
Jeanne montra sous féminin visage,
Sous le corset et sous le cotillon,
D'un vrai Roland le vigoureux courage.
J'aimerais mieux, le soir, pour mon usage,
Une beauté douce comme un mouton;
Mais Jeanne d'Arc eut un cœur de lion:
Vous le verrez, si lisez cet ouvrage.
Vous tremblerez de ses exploits nouveaux;

2

Et le plus grand de ses rares travaux
Fut de garder un an son pucelage.
 O Chapelain! toi dont le violon
De discordante et gothique mémoire,
Sous un archet maudit par Apollon,
D'un ton si dur a raclé son histoire;
Vieux Chapelain, pour l'honneur de ton art,
Tu voudrais bien me prêter ton génie :
Je n'en veux point; c'est pour la Motte-Houdart,
Quand l'Iliade est par lui travestie.
 Le bon roi Charle, au printemps de ses jours,
Au temps de Pâque, en la cité de Tours,
A certain bal (ce prince aimait la danse)
Avait trouvé, pour le bien de la France,
Une beauté nommée Agnès Sorel.
Jamais l'amour ne forma rien de tel :
Imaginez de Flore la jeunesse,
La taille et l'air de la nymphe des bois,
Et de Vénus la grâce enchanteresse,
Et de l'Amour le séduisant minois,
L'art d'Arachné, le doux chant des sirènes,
Elle avait tout; elle aurait dans ses chaînes
Mis les héros, les sages et les rois;
La voir, l'aimer, sentir l'ardeur brûlante
Des doux désirs en leur chaleur naissante,
Lorgner Agnès, soupirer et trembler,
Perdre la voix en voulant lui parler,
Presser ses mains d'une main caressante,
Laisser briller sa flamme impatiente,
Montrer son trouble, en causer à son tour,
Lui plaire enfin, fut l'affaire d'un jour :
Princes et rois vont très-vite en amour.
Agnès voulut, savante en l'art de plaire,
Couvrir le tout des voiles du mystère,

Voiles de gaze, et que les courtisans
Percent toujours de leurs yeux malfaisans.
Pour colorer comme on put cette affaire,
Le roi fit choix du conseiller Bonneau,
Confident sûr et très-bon Tourangeau:
Il eut l'emploi qui, certes, n'est pas mince,
Et qu'à la cour, où tout se peint en beau,
Nous appelons être l'ami du prince,
Et qu'à la ville, et surtout en province,
Les gens grossiers ont nommé maquereau.
Monsieur Bonneau, sur le bord de la Loire,
Était seigneur d'un fort joli château.
Agnès un soir s'y rendit en bateau,
Et le roi Charle y vint à la nuit noire.
On y soupa; Bonneau servit à boire;
Tout fut sans faste et non pas sans apprêts.
Festins des dieux, vous n'êtes rien auprès!
Nos deux amans, pleins de trouble et de joie,
Ivres d'amour, à leurs désirs en proie,
Se renvoyaient des regards enchanteurs,
De leurs plaisirs brûlans avant-coureurs.
De doux propos, libres sans indécence,
Aiguillonnaient leur vive impatience.
Le prince en feu des yeux la dévorait;
Contes d'amour d'un air tendre il faisait,
Et du genou le genou lui serrait.
Le souper fait, on eut une musique
Italienne en genre chromatique;
On y méla trois différentes voix
Aux violons, aux flûtes, aux hautbois:
Elles chantaient l'allégorique histoire
De ces héros qu'amour avait domptés,
Et qui, pour plaire à de tendres beautés,
Avaient quitté les fureurs de la gloire.

Dans un réduit cette musique était
Près de la chambre où le bon roi soupait.
La belle Agnès, discrète et retenue,
Entendait tout et d'aucun n'était vue.
Déjà la lune est au haut de son cours:
Voilà minuit; c'est l'heure des amours.
Dans une alcôve artistement dorée,
Point trop obscure et point trop éclairée,
Entre deux draps que la Frise a tissus,
D'Agnès Sorel les charmes sont reçus.
Près de l'alcôve une porte est ouverte,
Que dame Alix, suivante très-experte,
En s'en allant oublia de fermer.
O vous, amans, vous qui savez aimer,
Vous voyez bien l'extrême impatience
Dont pétillait notre bon roi de France!
Sur ses cheveux, en tresse retenus,
Parfums exquis sont déjà répandus:
Il vient, il entre au lit de sa maîtresse;
Moment divin de joie et de tendresse!
Le cœur leur bat; l'amour et la pudeur
Au front d'Agnès font monter la rougeur.
La pudeur passe, et l'amour seul demeure:
Son tendre amant l'embrasse tout à l'heure:
Ses yeux ardens, éblouis, enchantés,
Avidement parcourent ses beautés.
Qui n'en serait en effet idolâtre?
Sous un cou blanc qui fait honte à l'albâtre
Sont deux tétons séparés, faits au tour,
Allans, venans, arrondis par l'amour;
Leur boutonnet a la couleur des roses.
Téton charmant qui jamais ne reposes,
Vous invitiez les mains à vous presser,
L'œil à vous voir, la bouche à vous baiser.

Pour mes lecteurs tout plein de complaisance,
J'allais montrer à leurs yeux ébaudis
De ce beau corps les contours arrondis;
Mais la vertu qu'on nomme bienséance
Vient arrêter mes pinceaux trop hardis.
Tout est beauté, tout est charme dans elle.
La volupté, dont Agnès a sa part,
Lui donne encore une grâce nouvelle;
Elle l'anime : amour est un grand fard,
Et le plaisir embellit toute belle.
Trois mois entiers nos deux jeunes amans
Furent livrés à ces ravissemens.
Du lit d'amour ils vont droit à la table :
Un déjeûner restaurant, délectable,
Rend à leurs sens leur première vigueur;
Puis, pour la chasse épris de même ardeur,
Ils vont tous deux sur des chevaux d'Espagne
Suivre cent chiens japans dans la campagne.
A leur retour on les conduit aux bains;
Pâtes, parfums, odeurs de l'Arabie,
Qui font la peau douce, fraîche et polie,
Sont prodigués sur eux à pleines mains.
Le dîner vient, la délicate chère,
L'oiseau du Phase et le coq de bruyère,
De vingt ragoûts l'apprêt délicieux,
Charment le nez, le palais et les yeux;
Du vin d'Aï la mousse pétillante,
Et du Tokai la liqueur jaunissante,
En chatouillant les fibres des cerveaux,
Y porte un feu qui s'exhale en bons mots,
Aussi brillans que la liqueur légère
Qui monte et saute et mousse au bord du verre.
L'ami Bonneau d'un gros rire applaudit
A son bon roi qui montre de l'esprit.

Le dîner fait, on digère, on raisonne,
On conte, on rit, on médit du prochain,
On fait brailler des vers à maître Alain,
On fait venir des docteurs de Sorbonne,
Des perroquets, un singe, un arlequin.
Le soleil baisse ; une troupe choisie
Avec le roi court à la comédie ;
Et, sur la fin de ce fortuné jour,
Le couple heureux s'enivre encor d'amour.
Plongés tous deux dans le sein des délices,
Ils paraissaient en goûter les prémices.
Toujours heureux et toujours plus ardens,
Point de soupçons, encor moins de querelles,
Nulle langueur ; et l'Amour et le Temps
Auprès d'Agnès ont oublié leurs ailes.
Charles souvent disait entre ses bras,
En lui donnant des baisers tout de flamme :
Ma chère Agnès, idole de mon âme,
Le monde entier ne vaut point vos appas ;
Vaincre et régner n'est rien qu'une folie.
Mon parlement me bannit aujourd'hui,
Au fier Anglais la France est asservie.
Ah ! qu'il soit roi, mais qu'il me porte envie ;
J'ai votre cœur, je suis plus roi que lui.
Un tel discours n'est pas trop héroïque ;
Mais un héros, quand il tient dans un lit
Maîtresse honnête et que l'amour le pique,
Peut s'oublier et ne sait ce qu'il dit.
Comme il menait cette joyeuse vie,
Tel qu'un abbé dans sa grasse abbaye,
Le prince anglais, toujours plein de furie,
Toujours aux champs, toujours armé, botté,
Le pot en tête et la dague au côté,
Lance en arrêt, la visière haussée,

Foulait aux pieds la France terrassée.
Il marche, il vole, il renverse en son cours
Les murs épais, les menaçantes tours,
Répand le sang, prend l'argent, taxe, pille,
Livre aux soldats et la mère et la fille,
Fait violer les couvens de nonnains,
Boit le muscat des pères bernardins,
Frappe en écus l'or qui couvre les saints,
Et, sans respect pour Jésus ni Marie,
De mainte église il fait mainte écurie:
Ainsi qu'on voit dans une bergerie
Des loups sanglans de carnage altérés,
Et sous leurs dents les troupeaux déchirés,
Tandis qu'au loin, couché dans la prairie,
Colin s'endort sur le sein d'Égérie,
Et que son chien près d'eux est occupé
A se saisir du reste du soupé.
  Or, du plus haut du brillant apogée,
Séjour des saints, et fort loin de nos yeux,
Le bon Denis, prêcheur de nos aïeux,
Vit les malheurs de la France affligée,
L'état horrible où l'Anglais l'a plongée;
Paris aux fers, et le roi très-chrétien
Baisant Agnès et ne songeant à rien.
Ce bon Denis est patron de la France,
Ainsi que Mars fut le saint des Romains,
Ou bien Pallas chez les Athéniens.
Il faut pourtant en faire différence;
Un saint vaut mieux que tous les dieux païens.
  Ah! par mon chef, dit-il, il n'est pas juste
De voir ainsi tomber l'empire auguste
Où de la foi j'ai planté l'étendard.
Trône des lis tu cours trop de hasards;
Sang de Valois, je ressens tes misères.

Ne souffrons pas que les superbes frères
De Henri cinq, sans droit et sans raison,
Chassent ainsi le fils de la maison.
J'ai, quoique saint, et Dieu me le pardonne!
Aversion pour la race bretonne;
Car, si j'en crois le livre des destins,
Un jour ces gens, raisonneurs et mutins,
Se gausseront des saintes décrétales,
Déchireront les romaines annales
Et tous les ans le pape brûleront.
Vengeons de loin ce sacrilége affront:
Mes chers Français seront tous catholiques;
Ces fiers Anglais seront tous hérétiques.
Frappons, chassons ces dogues britanniques;
Punissons-les par quelque nouveau tour
De tout le mal qu'ils doivent faire un jour.
Des Gallicans ainsi parlait l'apôtre,
De maudissons lardant sa patenôtre;
Et cependant que tout seul il parlait,
Dans Orléans un conseil se tenait.
Par les Anglais cette ville bloquée
Au roi de France allait être extorquée.
Quelques seigneurs et quelques conseillers
Les uns pédans et les autres guerriers,
Sur divers tons déploraient leur misère,
Pour leur refrain disaient ; Que faut-il faire?
Poton, la Hire et ce brave Dunois,
S'écriaient tous en se mordant les doigts:
Allons, amis, mourons pour la patrie;
Mais aux Anglais vendons cher notre vie.
Le Richemont criait tout haut: Par Dieu,
Dans Orléans il faut mettre le feu;
Et que l'Anglais qui pense ici nous prendre
N'ait rien de nous que fumée et que cendre.

Pour la Trimouille, il disait : C'est en vain
Que mes parens me firent Poitevin ;
J'ai dans Milan laissé ma Dorothée ;
Pour Orléans, hélas ! je l'ai quittée.
Je combattrai, mais je n'ai plus d'espoir :
Faut-il mourir, ô ciel, sans la revoir !
Le président Louvet, grand personnage
Au maintien grave et qu'on eût pris pour sage,
Dit : Je voudrais que préalablement
Nous fissions rendre arrêt de parlement
Contre l'Anglais, et qu'en ce cas énorme
Sur toute chose on procédât en forme.
Louvet était un grand clerc; mais, hélas !
Il ignorait son triste et piteux cas :
S'il le savait, sa gravité prudente
Procéderait contre sa présidente;
Le grand Talbot, le chef des assiégeans,
Brûle pour elle et règne sur ses sens :
Louvet l'ignore, et sa mâle éloquence
N'a pour objet que de venger la France.
Dans ce conseil de sages, de héros,
On entendait les plus nobles propos;
Le bien public, la vertu les inspire :
Surtout l'adroit et l'éloquent la Hire
Parla long-temps et pourtant parla bien;
Ils disaient d'or et ne concluaient rien.
Comme ils parlaient, on vit par la fenêtre
Je ne sais quoi dans les airs apparaître :
Un beau fantôme au visage vermeil,
Sur un rayon détaché du soleil,
Des cieux ouverts fend la voûte profonde ;
Odeur de saint se sentait à la ronde.
Le farfadet dessus son chef avait
A deux pendans une mitre pointue

D'or et d'argent, sur le sommet fendue;
Sa dalmatique au gré des vents flottait,
Son front brillait d'une sainte auréole,
Son cou penché laissait voir son étole;
Sa main portait ce bâton pastoral
Qui fut jadis *lituus* augural.
A cet objet, qu'on discernait fort mal,
Voilà d'abord monsieur de la Trimouille,
Paillard dévot, qui prie et s'agenouille.
Le Richemont, qui porte un cœur de fer,
Blasphémateur, jureur impitoyable,
Haussant la voix, dit que c'était le diable
Qui leur venait du fin fond de l'enfer;
Que ce serait chose très-agréable
Si l'on pouvait parler à Lucifer.
Maître Louvet s'en courut au plus vite
Chercher un pot tout rempli d'eau bénite.
Poton, la Hire, et Dunois, ébahis,
Ouvrent tous trois de grands yeux ébaubis:
Tous les valets sont couchés sur le ventre.
L'objet approche, et le saint fantôme entre
Tout doucement porté sur son rayon;
Puis donne à tous sa bénédiction.
Soudain chacun se signe et se prosterne.
Il les relève avec un air paterne;
Puis il leur dit : Ne faut vous effrayer;
Je suis Denis et saint de mon métier:
J'aime la Gaule et l'ai catéchisée;
Et ma bonne âme est très-scandalisée
De voir Charlot, mon filleul tant aimé,
Dont le pays en cendre est consumé,
Et qui s'amuse, au lieu de le défendre,
A deux tétons qu'il ne cesse de prendre.
J'ai résolu d'assister aujourd'hui

Les bons Français qui combattent pour lui;
Je veux finir leur peine et leur misère.
Tout mal, dit-on, guérit par son contraire :
Or, si Charlot veut, pour une catin,
Perdre la France et l'honneur avec elle,
J'ai résolu, pour changer son destin,
De me servir des mains d'une pucelle.
Vous, si d'en-haut vous désirez les biens,
Si vos cœurs sont et français et chrétiens,
Si vous aimez le roi, l'État, l'Église,
Assistez-moi dans ma sainte entreprise;
Montrez le nid où nous devons chercher
Ce vrai phénix que je veux dénicher.
Ainsi parla le vénérable sire.
Quand il eut fait, chacun se prit à rire.
Le Richemont, né plaisant et moqueur,
Lui dit : Ma foi, mon cher prédicateur,
Monsieur le saint, ce n'était pas la peine
D'abandonner le céleste domaine
Pour demander à ce peuple méchant
Ce beau joyau que vous estimez tant.
Quand il s'agit de sauver une ville,
Un pucelage est une arme inutile.
Pourquoi d'ailleurs le prendre en ce pays ?
Vous en avez tant dans le paradis!
Rome et Lorette ont cent fois moins de cierges
Que chez les saints il n'est là-haut de vierges.
Chez les Français, hélas! il n'en est plus,
Tous nos moutiers sont à sec là-dessus :
Nos francs-archers, nos officiers, nos princes,
Ont dès long-temps dégarni les provinces :
Ils ont tous fait, en dépit de vos saints,
Plus de bâtards encor que d'orphelins.
Monsieur Denis, pour finir nos querelles,

Cherchez ailleurs, s'il vous plaît, des pucelles.
Le saint rougit de ce discours brutal;
Puis aussitôt il remonte à cheval
Sur son rayon, sans dire une parole,
Pique des deux, et par les airs s'envole,
Pour déterrer, s'il peut, ce beau bijou
Qu'on tient si rare et dont il semble fou.
Laissons-le aller; et tandis qu'il se perche
Sur l'un des traits qui vont porter le jour,
Ami lecteur, puissiez-vous en amour
Avoir le bien de trouver ce qu'il cherche!

FIN DU CHANT PREMIER.

CHANT II.

ARGUMENT.

Jeanne, armée par saint Denis, va trouver Charles VII à Tours; ce qu'elle fit en chemin, et comment elle eut son brevet de pucelle.

Heureux cent fois qui trouve un pucelage!
C'est un grand bien : mais de toucher un cœur
Est à mon sens un plus cher avantage.
Se voir aimé, c'est là le vrai bonheur.
Qu'importe, hélas! d'arracher une fleur?
C'est à l'amour à nous cueillir la rose.
De très-grands clercs ont gâté par leur glose
Un si beau texte; ils ont cru faire voir

Que le plaisir n'est point dans le devoir.
Je veux contre eux faire un jour un beau livre;
J'enseignerai le grand art de bien vivre;
Je montrerai qu'en réglant nos désirs,
C'est du devoir que viennent nos plaisirs.
Dans cette honnête et savante entreprise,
Du haut des cieux, saint Denis m'aidera;
Je l'ai chanté, sa main me soutiendra.
En attendant il faut que je vous dise
Quel fut l'effet de sa sainte entremise.
    Vers les confins du pays champenois,
Où cent poteaux, marqués de trois merlettes,
Disaient aux gens : « En Lorraine vous êtes, »
Est un vieux bourg peu fameux autrefois :
Mais il mérite un grand nom dans l'histoire,
Car de lui vient le salut et la gloire
Des fleurs de lis et du peuple gaulois.
De Domremi chantons tout le village;
Faisons passer son beau nom d'âge en âge.
    O Domremi! tes pauvres environs
N'ont ni muscats, ni pêches, ni citrons,
Ni mine d'or, ni bon vin qui nous damne;
Mais c'est à toi que la France doit Jeanne.
Jeanne y naquit : certain curé du lieu,
Faisant partout des serviteurs à Dieu,
Ardent au lit, à table, à la prière,
Moine autrefois, de Jeanne fut le père;
Une robuste et grasse chambrière
Fut l'heureux moule où ce pasteur jeta
Cette beauté qui les Anglais dompta.
Vers les seize ans, en une hôtellerie
On l'engagea pour servir l'écurie
A Vaucouleurs; et déjà de son nom
La renommée emplissait ce canton.

Son air est fier, assuré, mais honnête;
Ses grands yeux noirs brillaient à fleur de tête;
Trente-deux dents d'une égale blancheur
Sont l'ornement de sa bouche vermeille,
Qui semble aller de l'une à l'autre oreille,
Mais bien bordée et vive en sa couleur,
Appétissante et fraîche par merveille;
Ses tétons bruns, mais fermes comme un roc,
Tentent la robe, et le casque, et le froc:
Elle est active, adroite, vigoureuse,
Et d'une main potelée et nerveuse
Soutient fardeaux, verse cent brocs de vin,
Sert le bourgeois, le noble, le robin;
Chemin faisant, vingt soufflets distribue
Aux étourdis dont l'indiscrète main
Va tâtonnant sa cuisse ou gorge nue;
Travaille et rit du soir jusqu'au matin,
Conduit chevaux, les panse, abreuve, étrille,
Et, les pressant de sa cuisse gentille,
Les monte à cru comme un soldat romain.
 O profondeur! ô divine sagesse!
Que tu confonds l'orgueilleuse faiblesse
De tous les grands, si petits à tes yeux!
Que les petits sont grands quand tu le veux!
Ton serviteur Denis le bienheureux
N'alla rôder aux palais des princesses,
N'alla chez vous, mesdames les duchesses;
Denis courut, amis, qui le croirait?
Chercher l'honneur, où? dans un cabaret.
 Il était temps que l'apôtre de France
Envers sa Jeanne usât de diligence;
Le bien public était en grand hasard.
De Satanas la malice est connue:
Et si le saint fût arrivé plus tard

D'un seul moment, la France était perdue:
Un cordelier, qu'on nommait Grisbourdon,
Avec Chandos arrivé d'Albion,
Était alors dans cette hôtellerie;
Il aimait Jeanne autant que sa patrie;
C'était l'honneur de la pénaillerie,
De tout côté allant en mission,
Prédicateur, confesseur, espion,
De plus, grand clerc en la sorcellerie,
Savant dans l'art en Égypte sacré,
Dans ce grand art cultivé chez les mages,
Chez les Hébreux, chez les antiques sages,
De nos savans dans nos jours ignoré.
Jours malheureux! tout est dégénéré.
En feuilletant ses livres de cabale,
Il vit qu'aux siens Jeanne serait fatale,
Qu'elle portait dessous son court jupon
Tout le destin d'Angleterre et de France.
Encouragé par la noble assistance
De son génie, il jura son cordon,
Son dieu, son diable et saint François d'Assise,
Qu'à ses vertus Jeanne serait soumise,
Qu'il saisirait ce beau palladion.
Il s'écriait, en faisant l'oraison:
Je servirai ma patrie et l'Église;
Moine et Breton, je dois faire le bien
De mon pays, et plus encor le mien.
    Au même temps, un ignorant, un rustre,
Lui disputait cette conquête illustre:
Cet ignorant valait un cordelier;
Car vous saurez qu'il était muletier;
Le jour, la nuit, offrant sans fin, sans terme,
Son lourd service et l'amour le plus ferme.
L'occasion, la douce égalité,

Faisaient pencher Jeanne de son côté;
Mais sa pudeur triomphait de la flamme
Qui par les yeux se glissait dans son âme.
Le Grisbourdon vit sa naissante ardeur :
Mieux qu'elle encore il lisait dans son cœur.
Il vint trouver son rival si terrible,
Puis il lui tint ce discours très-plausible :
Puissant héros, qui passez au besoin
Tous les mulets commis à votre soin,
Vous méritez sans doute la Pucelle;
Elle a mon cœur comme elle a tous vos vœux :
Rivaux ardens, nous nous craignons tous deux,
Et comme vous je suis amant fidèle.
Çà, partageons; et, rivaux sans querelle ;
Tâtons tous deux de ce morceau friand
Qu'on pourrait perdre en se le disputant :
Conduisez-moi vers le lit de la belle ;
J'évoquerai le démon du dormir ;
Ses doux pavots vont soudain l'assoupir,
Et tour à tour nous veillerons pour elle.
Incontinent le père au grand cordon
Prend son grimoire, évoque le démon
Qui de Morphée eut autrefois le nom.
Ce pesant diable est maintenant en France :
Vers le matin, lorsque nos avocats
Vont s'enrouer et commenter Cujas,
Avec messieurs il ronfle à l'audience ;
L'après-dînée il assiste aux sermons
Des apprentis dans l'art des Massillons,
A leurs trois points, à leurs citations,
Aux lieux-communs de leur belle éloquence :
Dans le parterre il vient bâiller le soir.
Aux cris du moine il monte en son char noir,
Par deux hiboux traîné dans la nuit sombre ;

Dans l'air il glisse, et doucement fend l'ombre :
Les yeux fermés, il arrive en bâillant,
Se met sur Jeanne, et tâtonne, et s'étend,
Là secouant son pavot narcotique,
Lui souffle au sein vapeur soporifique.
Tel on nous dit que le moine Girard,
En confessant la gentille Cadière,
Insinuait de son souffle paillard
De diabloteaux une ample fourmilière.
   Nos deux galans, pendant ce doux sommeil,
Aiguillonnés du démon du réveil,
Avaient de Jeanne ôté la couverture.
Déjà trois dés, roulant sur son beau sein,
Vont décider, au jeu de saint Guilain,
Lequel des deux doit tenter l'aventure.
Le moine gagne ; un sorcier est heureux :
Le Grisbourdon se saisit des enjeux ;
Il fond sur Jeanne. O soudaine merveille !
Denis arrive, et Jeanne se réveille.
O Dieu ! qu'un saint fait trembler tout pécheur !
Nos deux rivaux se renversent de peur.
Chacun d'eux fuit, emportant dans le cœur
Avec la crainte un désir de mal faire.
Vous avez vu sans doute un commissaire
Cherchant de nuit un couvent de Vénus ;
Un jeune essaim de tendrons demi-nus
Saute du lit, s'esquive, se dérobe
Aux yeux hagards du noir pédant en robe.
Ainsi fuyaient mes paillards confondus.
   Denis s'avance et réconforte Jeanne,
Tremblante encor de l'attentat profane.
Puis il lui dit : Vase d'élection,
Le Dieu des rois, par tes mains innocentes,
Veut des Français venger l'oppression,

Et renvoyer dans les champs d'Albion
Des fiers Anglais les cohortes sanglantes.
Dieu sait changer d'un souffle tout-puissant
Le roseau frèle en cèdre du Liban,
Sécher les mers, abaisser les collines,
Du monde entier réparer les ruines.
Devant tes pas la foudre grondera,
Autour de toi la terreur volera,
Et tu verras l'Ange de la victoire
Ouvrir pour toi les sentiers de la gloire.
Suis-moi, renonce à tes humbles travaux;
Viens placer Jeanne au nombre des héros.
A ce discours terrible et pathétique,
Très-consolant et très-théologique,
Jeanne étonnée, ouvrant un large bec,
Crut quelque temps que l'on lui parlait grec.
La grâce agit; cette augustine grâce
Dans son esprit porte un jour efficace.
Jeanne sentit dans le fond de son cœur
Tous les élans d'une sublime ardeur.
Non, ce n'est plus Jeanne la chambrière,
C'est un héros, c'est une âme guerrière.
Tel un bourgeois humble, simple, grossier,
Qu'un vieux richard a fait son héritier,
En un palais fait changer sa chaumière;
Son air honteux devient démarche fière;
Les grands surpris admirent sa hauteur,
Et les petits l'appellent monseigneur.
Or, pour hâter leur auguste entreprise,
Jeanne et Denis s'en vont droit à l'église.
Lors apparut dessus le maître-autel
(Fille de Jean, quelle fut ta surprise!)
Un beau harnois tout frais venu du ciel;
Des arsenaux du terrible empyrée,

En cet instant, par l'archange Michel
La noble armure avait été tirée :
On y voyait l'armet de Débora ;
Ce clou pointu funeste à Sisara,
Le caillou rond dont un berger fidèle
De Goliath entama la cervelle ;
Cette mâchoire avec quoi combattit
Le fier Samson, qui ses cordes rompit
Lorsqu'il se vit vendu par sa donzelle :
Le coutelet de la belle Judith,
Cette beauté si galamment perfide,
Qui, pour le ciel, saintement homicide,
Son cher amant massacra dans son lit.
A ces objets la sainte émerveillée
De cette armure est bientôt habillée ;
Elle vous prend et casque et corselet,
Brassards, cuissards, baudrier, gantelet,
Lance, clou, dague, épieu, caillou, mâchoire,
Marche, s'essaie, et brûle pour la gloire.
  Toute héroïne a besoin d'un coursier :
Jeanne en demande au triste muletier,
Mais aussitôt un âne se présente,
Au beau poil gris, à la voix éclatante,
Bien étrillé, sellé, bridé, ferré,
Portant arçons, avec chanfrein doré,
Caracolant, du pied frappant la terre,
Comme un coursier de Thrace ou d'Angleterre.
  Ce beau grison deux ailes possédait
Sur son échine, et souvent s'en servait.
Ainsi Pégase, au haut de deux collines,
Portait jadis neuf pucelles divines,
Et l'hippogriffe, à la lune volant,
Portait Astolphe au pays de saint Jean.
Mon cher lecteur veut connaître cet âne

Qui vint alors offrir sa croupe à Jeanne ;
Il le saura, mais dans un autre chant ;
Je l'avertis cependant qu'il révère
Cet âne heureux, qui n'est pas sans mystère.
Sur son grison Jeanne a déjà sauté :
Sur son rayon Denis est remonté :
Tous deux s'en vont vers les rives de Loire
Porter au roi l'espoir de la victoire.
L'âne tantôt trotte d'un pied léger,
Tantôt s'élève et fend les champs de l'air.
Le cordelier, toujours plein de luxure,
Un peu remis de sa triste aventure,
Usant enfin de ses droits de sorcier,
Change en mulet le pauvre muletier,
Monte dessus, chevauche, pique, et jure
Qu'il suivra Jeanne au bout de la nature.
Le muletier, en son mulet caché,
Bât sur le dos, crut gagner au marché;
Et du vilain l'âme terrestre et crasse
A peine vit qu'elle eût changé de place.
Jeanne et Denis s'en allaient donc vers Tours
Chercher ce roi plongé dans les amours ;
Près d'Orléans comme ensemble ils passèrent,
L'ost des Anglais de nuit ils traversèrent.
Ces fiers Bretons, ayant bu tristement,
Cuvaient leur vin, dormaient profondément.
Tout était ivre, et goujats et vedettes;
On n'entendait ni tambours ni trompettes;
L'un dans sa tente était couché tout nu,
L'autre ronflait sur son page étendu.
Alors Denis, d'une voix paternelle,
Tint ces propos tout bas à la Pucelle :
Fille de bien, tu sauras que Nisus,
Etant un soir aux tentes de Turnus,

Bien secondé de son cher Euryale,
Rendit la nuit aux Rutulois fatale.
Le même advint au quartier de Rhésus,
Quand la valeur du preux fils de Tydée,
Par la nuit noire et par Ulysse aidée,
Sut envoyer, sans danger, sans effort,
Tant de Troyens du sommeil à la mort.
Tu peux jouir de semblable victoire.
Parle, dis-moi, veux-tu de cette gloire?
Jeanne lui dit : Je n'ai point lu l'histoire;
Mais je serais d'un courage bien bas
De tuer des gens qui ne combattent pas.
Disant ces mots, elle avise une tente
Que les rayons de la lune brillante
Faisaient paraître à ses yeux éblouis,
Tente d'un chef ou d'un jeune marquis;
Cent gros flacons remplis d'un vin exquis
Sont tout auprès. Jeanne avec assurance
D'un grand pâté prend les vastes débris,
Et boit six coups, avec monsieur Denis,
A la santé de son bon roi de France.
La tente était celle de Jean Chandos,
Fameux guerrier, qui dormait sur le dos.
Jeanne saisit sa redoutable épée
Et sa culotte en velours découpée.
Ainsi jadis David aimé de Dieu,
Ayant trouvé Saül en certain lieu,
Et lui pouvant ôter très-bien la vie,
De sa chemise il lui coupa partie,
Pour faire voir à tous les potentats
Ce qu'il put faire et ce qu'il ne fit pas.
Près de Chandos était un jeune page
De quatorze ans, mais charmant pour son âge,
Lequel montrait deux globes faits au tour,

Qu'on aurait pris pour ceux du tendre Amour.
Non loin du page était une écritoire,
Dont se servait le jeune homme après boire,
Quand tendrement quelques vers il faisait
Pour la beauté qui son cœur séduisait.
Jeanne prend l'encre, et sa main lui dessine
Trois fleurs de lis, juste dessous l'échine;
Présage heureux du bonheur des Gaulois
Et monument de l'amour de ses rois.
Le bon Denis voyait, se pâmant d'aise,
Les lis français sur une fesse anglaise.
Qui fut pénaud le lendemain matin?
Ce fut Chandos, ayant cuvé son vin;
Car, s'éveillant, il vit sur ce beau page
Les fleurs de lis. Plein d'une juste rage,
Il crie alerte; il croit qu'on le trahit:
A son épée il court auprès du lit;
Il cherche en vain, l'épée est disparue;
Point de culotte: il se frotte la vue,
Il gronde, il crie, et pense fermement
Que le grand diable est entré dans le camp.
Ah! qu'un rayon de soleil, et qu'un âne,
Cet âne ailé qui sur son dos a Jeanne,
Du monde entier feraient bientôt le tour!
Jeanne et Denis arrivent à la cour.
Le doux prélat sait par expérience
Qu'on est railleur à cette cour de France;
Il se souvient des propos insolens
Que Richemont lui tint dans Orléans,
Et ne veut plus à pareille aventure
D'un saint évêque exposer la figure.
Pour son honneur il prit un nouveau tour;
Il s'affubla de la triste encolure
Du bon Roger, seigneur de Baudricour,

Preux chevalier et ferme catholique,
Hardi parleur, loyal et véridique,
Malgré cela pas trop mal à la cour.
Eh! jour de Dieu, dit-il, parlant au prince,
Vous languissez au fond d'une province,
Esclave roi, par l'amour enchaîné!
Quoi! votre bras indignement reposé!
Ce front royal, ce front n'est couronné
Que de tissus, et de myrte et de rose!
Et vous laissez vos cruels ennemis
Rois dans la France et sur le trône assis!
Allez mourir, ou faites la conquête
De vos États, ravis par ces mutins:
Le diadème est fait pour votre tête,
Et les lauriers n'attendent que vos mains.
Dieu, dont l'esprit allume mon courage,
Dieu, dont ma voix annonce le langage,
De sa faveur est prêt à vous couvrir.
Osez le croire, osez vous secourir:
Suivez du moins cette auguste amazone;
C'est votre appui, c'est le soutien du trône;
C'est par son bras que le maître des rois
Veut rétablir nos princes et nos lois.
Jeanne avec vous chassera la famille
De cet Anglais si terrible et si fort:
Devenez homme; et, si c'est votre sort
D'être à jamais mené par une fille,
Fuyez au moins celle qui vous perdit,
Qui votre cœur dans ses bras amollit;
Et, digne enfin de ce secours étrange,
Suivez les pas de celle qui vous venge.

Un roi de France eut toujours dans le cœur
Avec l'amour un très-grand fonds d'honneur.
Du vieux soldat le discours pathétique

A dissipé son sommeil léthargique,
Ainsi qu'un ange un jour, du haut des airs,
De sa trompette ébranlant l'univers,
Rouvrant la tombe, animant la poussière,
Rappellera les morts à la lumière.
Charle éveillé, Charles bouillant d'ardeur,
Ne lui répond qu'en s'écriant : Aux armes!
Les seuls combats à ses yeux ont des charmes;
Il prend sa pique, il brûle de fureur.
Bientôt après la première chaleur
De ces transports où son âme est en proie,
Il voulut voir si celle qu'on envoie
Vient de la part du diable ou du Seigneur,
Ce qu'il doit croire, et si ce grand prodige
Est en effet ou miracle ou prestige.
Donc, se tournant vers la fière beauté,
Le roi lui dit d'un ton de majesté
Qui confondrait toute autre fille qu'elle :
Jeanne, écoutez ; Jeanne, êtes-vous pucelle ?
Jeanne lui dit : O grand sire, ordonnez
Que médecins, lunettes sur le nez,
Matrones, clercs, pédans, apothicaires,
Viennent sonder ces féminins mystères ;
Et si quelqu'un se connaît à cela,
Qu'il trousse Jeanne et qu'il regarde là.
A sa réponse et sage et mesurée,
Le roi vit bien qu'elle était inspirée.
Or sus, dit-il, si vous en savez tant,
Fille de bien, dites-moi dans l'instant
Ce que j'ai fait cette nuit à ma belle,
Mais parlez net. Rien du tout, lui dit-elle.
Le roi surpris soudain s'agenouilla,
Cria tout haut miracle, et se signa.
Incontinent la cohorte fourrée,

Bonnet en tête, Hippocrate à la main,
Vient observer le pur et noble sein
De l'amazone à leurs regards livrée :
On la met nue, et monsieur le doyen
Ayant le tout considéré très-bien,
Dessus, dessous, expédie à la belle
En parchemin un brevet de pucelle.
L'esprit tout fier de ce brevet sacré,
Jeanne soudain d'un pas délibéré
Retourne au roi, devant lui s'agenouille,
Et déployant la superbe dépouille
Que sur l'Anglais elle a prise en passant :
Permets, dit-elle, ô mon maître puissant,
Que sous tes lois la main de ta servante
Ose venger la France gémissante.
Je remplirai les oracles divins :
J'ose à tes yeux jurer par mon courage,
Par cette épée et par mon pucelage,
Que tu seras huilé bientôt à Reims.
Tu chasseras les anglaises cohortes
Qui d'Orléans environnent les portes.
Viens accomplir tes augustes destins,
Viens, et de Tours abandonnant la rive,
Dès ce moment souffre que je te suive.
Les courtisans autour d'elle pressés,
Les yeux au ciel, et vers Jeanne adressés,
Battent des mains, l'admirent, la secondent ;
Cent cris de joie à son discours répondent.
Dans cette foule il n'est point de guerrier
Qui ne voulût lui servir d'écuyer,
Porter sa lance et lui donner sa vie ;
Il n'en est point qui ne soit possédé
Et de la gloire, et de la noble envie
De lui ravir ce qu'elle a tant gardé.

Prêt à partir, chaque officier s'empresse :
L'un prend congé de sa vieille maîtresse ;
L'un, sans argent, va droit à l'usurier ;
L'autre à son hôte, et compte sans payer.
Denis a fait déployer l'oriflamme.
A cet aspect le roi Charles s'enflamme
D'un noble espoir à sa valeur égal.
Cet étendard aux ennemis fatal ;
Cette héroïne, et cet âne aux deux ailes,
Tout lui promet des palmes immortelles.
Denis voulut, en partant de ces lieux,
Des deux amans épargner les adieux :
On eût versé des larmes trop amères,
On eût perdu des heures toujours chères.
Agnès dormait, quoiqu'il fût un peu tard :
Elle était loin de craindre un tel départ.
Un songe heureux, dont les erreurs la frappent,
Lui retraçait des plaisirs qui s'échappent :
Elle croyait tenir entre ses bras
Le cher amant dont elle est souveraine.
Songe flatteur, tu trompais ses appas !
Son amant fuit, et saint Denis l'entraîne.
Tel dans Paris un médecin prudent
Force au régime un malade gourmand,
A l'appétit se montre inexorable,
Et sans pitié le fait sortir de table.
Le bon Denis eut à peine arraché
Le roi de France à son charmant péché,
Qu'il courut vite à son ouaille chère,
A sa pucelle, à sa fille guerrière.
Il a repris son air de bienheureux,
Son ton dévot, ses plats et courts cheveux,
L'anneau béni, la crosse pastorale,
Ses gants, sa croix, sa mitre épiscopale :

Va, lui dit-il, sers la France et ton roi;
Mon œil benin sera toujours sur toi;
Mais au laurier du courage héroïque
Joins le rosier de la vertu pudique.
Je conduirai tes pas dans Orléans.
Lorsque Talbot, le chef des mécréans,
Le cœur saisi du démon de luxure,
Croira tenir sa présidente impure,
Il tombera sous ton robuste bras.
Punis son crime, et ne l'imite pas.
Sois à jamais dévote avec courage.
Je pars : adieu; pense à ton pucelage.
La belle en fit un serment solennel,
Et son patron repartit pour le ciel.

FIN DU CHANT II.

CHANT III.

ARGUMENT.

Description du palais de la Sottise. Combat vers Orléans. Agnès se revêt de l'armure de Jeanne pour aller trouver son amant; elle est prise par les Anglais, et sa pudeur souffre beaucoup.

Ce n'est le tout d'avoir un grand courage,
Un coup-d'œil fermé au milieu des combats,
D'être tranquille à l'aspect du carnage,
Et de conduire un monde de soldats;

Car tout cela se voit en tous climats,
Et tour à tour ils ont cet avantage.
Qui me dira si nos ardens Français,
Dans ce grand art, l'art affreux de la guerre,
Sont plus savans que l'intrépide Anglais?
Si le Germain l'emporte sur l'Ibère?
Tous ont vaincu, tous ont été défaits!
Le grand Condé fut battu par Turenne;
Le fier Villars fut vaincu par Eugène;
De Stanislas le vertueux support,
Ce roi soldat, don Quichotte du Nord,
Dont la valeur a paru plus qu'humaine,
N'a-t-il pas vu, dans le fond de l'Ukraine,
A Pultava tous ses lauriers flétris
Par un rival, objet de ses mépris?
   Un beau secret serait, à mon avis,
De bien savoir éblouir le vulgaire,
De s'établir un divin caractère,
D'en imposer aux yeux des ennemis;
Car les Romains, à qui tout fut soumis,
Domptaient l'Europe au milieu des miracles:
Le ciel pour eux prodigua les oracles.
Jupiter, Mars, Pollux, et tous les dieux
Guidaient leur aigle et combattaient pour eux.
Ce grand Bacchus qui mit l'Asie en cendre,
L'antique Hercule et le fier Alexandre,
Pour mieux régner sur des peuples conquis,
De Jupiter ont passé pour les fils,
Et l'on voyait les princes de la terre
A leurs genoux redouter le tonnerre,
Tomber du trône et leur offrir des vœux.
   Denis suivit ces exemples fameux;
Il prétendit que Jeanne la pucelle
Chez les Anglais passât même pour telle,

Et que Bedford et l'amoureux Talbot,
Et Tirconel, et Chandos l'indévot,
Crussent la chose, et qu'ils vissent dans Jeanne
Un bras divin fatal à tout profane.
  Pour réussir en ce hardi dessein,
Il s'en va prendre un vieux bénédictin,
Non tel que ceux dont le travail immense
Vient d'enrichir les libraires de France,
Mais un prieur engraissé d'ignorance
Et n'ayant lu que son missel latin :
Frère Lourdis fut le bon personnage
Qui fut choisi pour ce nouveau voyage.
  Devers la lune, où l'on tient que jadis
Était placé des fous le paradis,
Sur les confins de cet abîme immense
Où le chaos, et l'Erèbe, et la nuit,
Avant les temps de l'univers produit,
Ont exercé leur aveugle puissance,
Il est un vaste et caverneux séjour
Peu caressé des doux rayons du jour,
Et qui n'a rien qu'une lumière affreuse,
Froide, tremblante, incertaine et trompeuse ;
Pour toute étoile on a des feux follets ;
L'air est peuplé de petits farfadets.
De ce pays la reine est la Sottise.
Ce vieil enfant porte une barbe grise,
OEil de travers et bouche à la Danchet :
Sa lourde main tient pour sceptre un hochet ;
De l'ignorance elle est, dit-on, la fille.
Près de son trône et sa sotte famille,
Le fol Orgueil, l'Opiniâtreté,
Et la Paresse et la Crédulité.
Elle est servie, elle est flattée en reine :
On la croirait en effet souveraine :

Mais ce n'est rien qu'un fantôme impuissant,
Un Chilpéric, un vrai roi fainéant.
La Fourberie est son ministre avide;
Tout est réglé par ce maire perfide;
Et la Sottise est son digne instrument.
Sa cour plénière est à son gré fournie
De gens profonds en faits d'astrologie,
Sûrs de leur art, à tous momens déçus,
Dupes, fripons, et partant toujours crus.
  C'est là qu'on voit les maîtres d'alchimie
Faisant de l'or et n'ayant pas un sou,
Des Roses-croix, et tout ce peuple fou
Argumentant sur la théologie.
  Le gros Lourdis, pour aller en ces lieux,
Fut donc choisi parmi tous ses confrères.
Lorsque la nuit couvrait le front des cieux
D'un tourbillon de vapeurs non légères,
Enveloppé dans le sein du repos,
Il fut conduit au paradis des sots.
Quand il y fut, il ne s'étonna guères:
Tout lui plaisait; et même, en arrivant,
Il crut encore être dans son couvent.
  Il vit d'abord la suite emblématique
Des beaux tableaux de ce séjour antique.
Cacodémon, qui ce grand temple orna,
Sur la muraille à plaisir griffonna
Un long croquis de toutes nos sottises,
Traits d'étourdi, pas de clerc, balourdises,
Projets mal faits, plus mal exécutés,
Et tous les mois du Mercure vantés.
Dans cet amas de merveilles confuses,
Parmi ces flots d'imposteurs et de buses,
On voit surtout un superbe Écossais,
Laws est son nom: nouveau roi des Français,

D'un beau papier il porte un diadème ;
Et sur son front il est écrit *système* ;
Environné de grands ballots de vent,
Sa noble main les donne à tout venant ;
Prêtres, catins, guerriers, gens de justice,
Lui vont porter leur or par avarice.
Ah ! quel spectacle ! ah ! vous êtes donc là,
Tendre Escobar, suffisant Molina,
Petit Doucin, dont la main pateline
Donne à baiser une bulle divine
Que le Tellier lourdement fabriqua,
Dont Rome même en secret se moqua,
Et qui chez nous est la noble origine
De nos partis, de nos divisions,
Et, qui pis est, de volumes profonds,
Remplis, dit-on, de poisons hérétiques,
Tous poisons froids et tous soporifiques.
Les combattans, nouveaux Bellérophons,
Dans cette nuit, montés sur des chimères,
Les yeux bandés, cherchent leurs adversaires ;
De longs sifflets leur servent de clairons ;
Et, dans leur docte et sainte frénésie,
Ils vont frappant à grands coups de vessie.
Ciel ! que d'écrits, de disquisitions,
De mandemens, et d'explications,
Que l'on explique encor, peur de s'entendre !
O chroniqueur des héros de Scamandre,
Toi qui jadis des grenouilles, des rats,
Si doctement as chanté les combats,
Sors du tombeau, viens célébrer la guerre
Que pour la bulle on fera sur la terre !
Le janséniste, esclave du destin,
Enfant perdu de la grâce efficace,
Dans ses drapeaux porte un saint Augustin,

Et pour plusieurs il marche avec audace.
Les ennemis s'avancent tous courbés
Dessus le dos de cent petits abbés.
  Cessez, cessez, ô discordes civiles !
Tout va changer : place, place, imbécilles.
Un grand tombeau sans ornement, sans art,
Est élevé non loin de Saint-Médard.
L'esprit divin, pour éclairer la France,
Sous cette tombe enferme sa puissance ;
L'aveugle y court, et d'un pas chancelant
Aux Quinze-Vingts retourne en tâtonnant ;
Le boiteux vient clopinant sur la tombe,
Crie *Hosanna !* saute, gigotte et tombe ;
Le sourd approche, écoute, et n'entend rien.
Tout aussitôt de pauvres gens de bien,
D'aise pâmés, vrais témoins de miracle,
Du bon Pâris baisent le tabernacle.
Frère Lourdis, fixant ses deux gros yeux,
Voit ce saint œuvre, en rend grâces aux cieux,
Joint les deux mains, et, riant d'un sot rire,
Ne comprend rien et toute chose admire.
  Ah! le voici ce savant tribunal,
Moitié prélats et moitié monacal ;
D'inquisiteurs une troupe sacrée
Est là pour Dieu de sbires entourée ;
Ces saints docteurs, assis en jugement,
Ont pour habit plumes de chat-huant ;
Oreilles d'âne ornent leur tête auguste :
Et pour peser le juste avec l'injuste,
Le vrai, le faux, balance est dans leurs mains.
Cette balance a deux larges bassins :
L'un, tout comblé, contient l'or qu'ils escroquent,
Le bien, le sang des pénitens qu'ils croquent ;
Dans l'autre sont bulles, brefs, orémus,

Beaux chapelets, scapulaires, agnus.
Aux pieds bénits de la docte assemblée,
Voyez-vous pas le docte Galilée,
Qui, tout contrit, leur demande pardon,
Bien condamné pour avoir eu raison.
 Murs de Loudun, quel nouveau feu s'allume ?
C'est un curé que le bûcher consume :
Douze faquins ont déclaré sorcier
Et fait griller messire Urbain Grandier.
 Galigaï, ma chère maréchale,
Du parlement, épaulé de maint pair,
La compagnie ignorante et vénale
Te fait chauffer en feu brillant et clair
Pour avoir fait pacte avec Lucifer.
Ah ! qu'aux savans notre France est fatale !
Qu'il y fait bon croire au pape, à l'enfer,
Et se borner à savoir son *Pater !*
Je vois plus loin cet arrêt authentique
Pour Aristote et contre l'émétique.
 Venez, venez, mon beau père Girard,
Vous méritez un long article à part,
Vous voilà donc, mon confesseur de fille,
Tendre dévot qui prêchez à la grille ;
Que dites-vous des pénitens appas
De ce tendron converti dans vos bras ?
J'estime fort cette douce aventure.
Tout est humain, Girard, en votre fait ;
Ce n'est pas là pécher contre nature :
Que de dévots en ont encor plus fait !
Mais, mon ami, je ne m'attendais guère
De voir entrer le diable en cette affaire.
Girard, Girard ! tous vos accusateurs,
Jacobin, carme et faiseurs d'écriture,
Juges, témoins, ennemis, protecteurs,

Aucun de vous n'est sorcier, je vous jure.
Lourdis enfin voit nos vieux parlemens,
De vingt prélats brûler les mandemens,
Et par arrêt exterminer la race
D'un certain fou qu'on nomme saint Ignace;
Mais, à leur tour, eux-même on les proscrit:
Quesnel en pleure et saint Ignace en rit;
Paris s'émeut à leur destin tragique,
Et s'en console à l'Opéra-Comique.
O toi, Sottise! ô grosse déité,
De qui les flancs à tout âge ont porté
Plus de mortels que Cybèle féconde
N'avait jadis donné de dieux au monde,
Qu'avec plaisir ton grand œil hébété
Voit tes enfans dont ma patrie abonde!
Sots traducteurs et sots compilateurs,
Et sots auteurs, et non moins sots lecteurs.
Je t'interroge, ô suprême puissance!
Daigne m'apprendre, en cette foule immense,
De tes enfans qui sont les plus chéris,
Les plus féconds en lourds et plats écrits,
Les plus constans à broncher comme à braire
A chaque pas dans la même carrière,
Ah! je connais que tes soins les plus doux
Sont pour l'auteur du journal de Trévoux.
Tandis qu'ainsi Denis, notre bon père,
Devers la lune en secret préparait
Contre l'Anglais cet innocent mystère,
Une autre scène en ce moment s'ouvrait
Chez les grands fous du monde sublunaire.
Charle est déjà parti pour Orléans,
Ses étendards flottent au gré des vents:
A ses côtés Jeanne, le casque en tête,
Déjà de Reims lui promet la conquête.

Voyez-vous pas ces jeunes écuyers,
Et cette fleur de loyaux chevaliers?
La lance au poing, cette troupe environne
Avec respect notre sainte amazone.
Ainsi l'on voit le sexe masculin
A Fontevrauld servir le féminin ;
Le sceptre est là dans les mains d'une femme,
Et père Anselme est béni par madame.
La belle Agnès, en ces cruels momens,
Ne voyant plus son amant qu'elle adore,
Cède au chagrin dont l'excès la dévore;
Un froid mortel s'empare de ses sens.
L'ami Bonneau, toujours plein d'industrie,
En cent façons la rappelle à la vie.
Elle ouvre encor ses yeux, ces doux vainqueurs;
Mais ce n'est plus que pour verser des pleurs ;
Puis, sur Bonneau se penchant d'un air tendre,
C'en est donc fait, dit-elle, on me trahit!
Où va-t-il donc? que veut-il entreprendre?
Était-ce là le serment qu'il me fit
Lorsqu'à sa flamme il me fit condescendre?
Toute la nuit il faudra donc m'étendre,
Sans mon amant, seule au milieu du lit!
Et cependant cette Jeanne hardie,
Non des Anglais, mais d'Agnès ennemie,
Va contre moi lui prévenir l'esprit.
Ciel! que je hais ces créatures fières,
Soldats en jupe, hommasses chevalières!
Du sexe mâle affectant la valeur,
Sans posséder les agrémens du nôtre,
A tous les deux prétendant faire honneur,
Et qui ne sont ni de l'un ni de l'autre!
Disant ces mots elle pleure et rougit,
Frémit de rage et de douleur gémit,

La jalousie en ses yeux étincelle;
Puis tout à coup d'une ruse nouvelle
Le tendre amour lui fournit le dessein.
Vers Orléans elle prend son chemin:
De dame Alix et de Bonneau suivie,
Agnès arrive en une hôtellerie,
Où dans l'instant, lasse de chevaucher,
La fière Jeanne avait été coucher.
Agnès attend qu'en ce logis tout dorme,
Et cependant subtilement s'informe
Où couche Jeanne, où l'on met son harnois,
Puis dans la nuit se glisse en tapinois,
De Jean Chandos prend la culotte, et passe
Ses cuisses entre, et l'aiguillette lace:
De l'amazone elle prend la cuirasse;
Le dur acier forgé pour les combats
Presse et meurtrit ses membres délicats.
L'ami Bonneau la soutient sous les bras.
La belle Agnès dit alors à voix basse:
Amour, Amour, maître de tous mes sens,
Donne la force à cette main tremblante,
Fais-moi porter cette armure pesante,
Pour mieux toucher l'auteur de mes tourmens.
Mon amant veut une fille guerrière;
Tu fais d'Agnès un soldat pour lui plaire:
Je le suivrai; qu'il permette aujourd'hui
Que ce soit moi qui combatte avec lui;
Et si jamais la terrible tempête
Des dards anglais vient menacer sa tête,
Qu'ils tombent tous sur ces tristes appas;
Qu'il soit du moins sauvé par mon trépas;
Qu'il vive heureux, que je meure pâmée
Entre ses bras et que je meure aimée!
Tandis qu'ainsi cette belle parlait

Et que Bonneau ses armes lui mettait,
Le roi Charlot à trois milles était.
La tendre Agnès prétend à l'heure même,
Pendant la nuit, aller voir ce qu'elle aime.
Ainsi vêtue, et pliant sous le poids,
N'en pouvant plus, maudissant son harnois,
Sur un cheval elle s'en va juchée,
Jambe meurtrie, et la fesse écorchée.
Le gros Bonneau, sur un Normand monté,
Va lourdement, et ronfle à son côté.
Le tendre amour, qui craint tout pour la belle,
La voit partir, et soupire pour elle.
Agnès à peine avait gagné chemin,
Qu'elle entendit devers un bois voisin
Bruit de chevaux et grand cliquetis d'armes,
Le bruit redouble ; et voici des gendarmes
Vêtus de rouge; et, pour comble de maux,
C'étaient les gens de monsieur Jean Chandos.
L'un d'eux s'avance, et demande : *Qui vive ?*
A ce grand cri, notre amante naïve,
Songeant au roi, répondit sans détour :
Je suis Agnès; vive France et l'amour!
A ces deux noms, que le ciel équitable
Voulut unir du nœud le plus durable,
On prend Agnès et son gros confident;
Ils sont tous deux menés incontinent
A ce Chandos qui, terrible en sa rage,
Avait juré de venger son outrage,
Et de punir les brigands ennemis
Qui sa culotte et son fer avaient pris.
Dans ces momens où la main bienfaisante
Du doux sommeil laisse nos yeux ouverts,
Quand les oiseaux reprennent leurs concerts,
Qu'on sent en soi sa vigueur renaissante,

Que les désirs, pères des voluptés,
Sont par les sens dans notre âme excités ;
Dans ces momens, Chandos, on te présente
La belle Agnès, plus belle et plus brillante
Que le soleil au bord de l'orient.
Que sentis-tu, Chandos, en t'éveillant,
Lorsque tu vis cette nymphe si belle
A tes côtés, et tes grègues sur elle ?
Chandos, pressé d'un aiguillon bien vif,
La dévorait de son regard lascif.
Agnès en tremble, et l'entend qui marmotte
Entre ses dents: *Je raurai ma culotte !*
A son chevet d'abord il la fait seoir :
Quittez, dit-il, ma belle prisonnière,
Quittez ce poids d'une armure étrangère.
Ainsi parlant, plein d'ardeur et d'espoir,
Il la décasque, il vous la décuirasse :
La belle Agnès s'en défend avec grâce ;
Elle rougit d'une aimable pudeur,
Pensant à Charle, et soumise au vainqueur.
Le gros Bonneau, que le Chandos destine
Au digne emploi de chef de sa cuisine,
Va dans l'instant mériter cet honneur :
Des boudins blancs il était l'inventeur,
Et tu lui dois, ô nation française!
Pâtés d'anguille et gigots à la braise.
Monsieur Chandos, hélas! que faites-vous ?
Disait Agnès d'un ton timide et doux ;
Pardieu, dit-il (tout héros anglais jure),
Quelqu'un m'a fait une sanglante injure.
Cette culotte est mienne, et je prendrai
Ce qui fut mien où je le trouverai.
Parler ainsi, mettre Agnès toute nue,
C'est même chose, et la belle éperdue,

Tout en pleurant était entre ses bras,
Et lui disait : Non, je n'y consens pas.
Dans l'instant même, un horrible fracas
Se fait entendre, on crie: Alerte, aux armes!
Et la trompette, organe du trépas,
Sonne la charge, et porte les alarmes.
A son réveil, Jeanne, cherchant en vain
L'affublement du harnois masculin,
Son bel armet ombragé de l'aigrette,
Et son haubert, et sa large braguette,
Sans raisonner saisit soudainement
D'un écuyer le dur accoutrement,
Monte à cheval sur son âne, et s'écrie :
Venez venger l'honneur de la patrie.
Cent chevaliers s'empressent sur ses pas ;
Ils sont suivis de six cent vingt soldats.
Frère Lourdis, en ce moment de crise,
Du beau palais où règne la Sottise,
Est descendu chez les Anglais guerriers,
Environné d'atomes tout grossiers,
Sur son gros dos portant balourderies,
Œuvres de moine et belles âneries.
Ainsi bâté, sitôt qu'il arriva,
Sur les Anglais sa robe il secoua,
Son ample robe, et dans leur camp versa
Tous les trésors de sa crasse ignorance,
Trésors communs au bon pays de France.
Ainsi des nuits la noire déité,
Du haut d'un char d'ébène marqueté,
Répand sur nous les pavots et les songes,
Et nous endort dans le sein des mensonges.

FIN DU CHANT III.

CHANT IV.

ARGUMENT.

Jeanne et Dunois combattent les Anglais. Ce qui leur arrive dans le château d'Hermaphrodix.

Si j'étais roi, je voudrais être juste,
Dans le repos maintenir mes sujets,
Et tous les jours de mon empire auguste
Seraient marqués par de nouveaux bienfaits.
Que si j'étais contrôleur des finances,
Je donnerais à quelques beaux esprits,
Par ci, par-là, de bonnes ordonnances;
Car, après tout, leur travail vaut son prix.
Que si j'étais archevêque à Paris,
Je tâcherais avec le moliniste
D'apprivoiser le rude janséniste.
Mais, si j'aimais une jeune beauté,
Je ne voudrais m'éloigner d'auprès d'elle;
Et chaque jour une fête nouvelle,
Chassant l'ennui de l'uniformité,
Tiendrait son cœur en mes fers arrêté.
Heureux amans, que l'absence est cruelle!
Que de dangers on essuie en amour!
On risque, hélas! dès qu'on quitte sa belle,
D'être cocu deux ou trois fois par jour.
Le preux Chandos à peine avait la joie
De s'ébaudir sur sa nouvelle proie,
Que tout à coup Jeanne de rang en rang

Porte la mort et fait couler le sang.
De Débora la redoutable lance
Perce Dildo, si fatal à la France,
Lui qui pilla les trésors de Clairvaux
Et viola les sœurs de Fontevraux;
D'un coup nouveau les deux yeux elle crève
A Fonkinar, digne d'aller en Grève:
Cet impudent, né dans les durs climats
De l'Hibernie, au milieu des frimats,
Depuis trois ans faisait l'amour en France
Comme un enfant de Rome ou de Florence;
Elle terrasse et milord Halifax,
Et son cousin l'impertinent Borax,
Et Midarblou, qui renia son père,
Et Bartenay, qui fit cocu son frère.
A son exemple, on ne voit chevalier,
Il n'est gendarme, il n'est bon écuyer,
Qui dix Anglais n'enfile de sa lance.
La mort les suit, la terreur les devance:
On croyait voir en ce moment affreux
Un Dieu puissant qui combat avec eux,
Parmi le bruit de l'horrible tempête,
Frère Lourdis criait à pleine tête:
Elle est pucelle; Anglais, frémissez tous;
C'est saint Denis qui l'arme contre vous:
Elle est pucelle; elle a fait des miracles;
Contre son bras vous n'avez point d'obstacles:
Vite à genoux, excrémens d'Albion;
Demandez-lui sa bénédiction.
Le fier Talbot, écumant de colère,
Incontinent fait empoigner le frère;
On vous le lie; et le moine content,
Sans s'émouvoir, continuait criant:
« Je suis martyr; Anglais, il faut me croire:

» Elle est pucelle; elle aura la victoire. »
L'homme est crédule, et dans son faible cœur
Tout est reçu : c'est une molle argile;
Mais que surtout il paraît bien facile
De nous surprendre et de nous faire peur!
Du bon Lourdis le discours extatique
Fit plus d'effet sur le cœur des soldats
Que l'amazone et sa troupe héroïque
N'en avaient fait par l'effort de leurs bras.
Ce vieil instinct qui fait croire aux prodiges,
L'esprit d'erreur, le trouble, les vertiges,
La froide crainte, et les illusions,
Ont fait tourner la tête des Bretons.
De ces Bretons la nation hardie
Avait alors peu de philosophie;
Maints chevaliers étaient des esprits lourds:
Les beaux esprits ne sont que de nos jours.
Le preux Chandos, toujours plein d'assurance,
Criait aux siens : Conquérans de la France,
Marchez à droite. Il dit, et dans l'instant
On tourne à gauche et l'on fuit en jurant.
Ainsi jadis dans ces plaines fécondes
Que de l'Euphrate environnent les ondes,
Quand des humains l'orgueil capricieux
Voulut bâtir près des voûtes des cieux;
Dieu, ne voulant d'un pareil voisinage,
En cent jargons transmua leur langage:
Sitôt qu'un d'eux à boire demandait,
Plâtre ou mortier d'abord on lui donnait,
Et cette gent, de qui Dieu se moquait,
Se sépara, laissant là son ouvrage.
On sait bientôt aux remparts d'Orléans
Ce grand combat contre les assiégeans.
La Renommée y vole à tire d'aile;

Et va prônant le nom de la Pucelle.
Vous connaissez l'impétueuse ardeur
De nos Français : ces fous sont pleins d'honneur :
Ainsi qu'au bal ils vont tous aux batailles.
Déjà Dunois, la gloire des bâtards,
Dunois qu'en Grèce on aurait pris pour Mars,
Et la Trimouille, et la Hire, et Saintrailles,
Et Richemont, sont sortis des murailles,
Croyant déjà chasser les ennemis,
Et criant tous : Où sont-ils? où sont-ils?
Ils n'étaient pas bien loin ; car, près des portes,
Sire Talbot, homme de très-grand sens,
Pour s'opposer à l'ardeur de nos gens,
En embuscade avait mis dix cohortes.
Sire Talbot a, depuis plus d'un jour,
Juré tout haut, par saint George et l'Amour,
Qu'il entrerait dans la ville assiégée.
Son âme était vivement partagée :
Du gros Louvet la superbe moitié
Avait pour lui plus que de l'amitié ;
Et ce héros, qu'un noble espoir enflamme,
Veut conquérir et la ville et sa dame.
Nos chevaliers à peine ont fait cent pas
Que ce Talbot leur tombe sur les bras ;
Mais nos Français ne s'étonnèrent pas.
Champs d'Orléans, noble et petit théâtre
De ce combat terrible, opiniâtre,
Le sang humain dont vous fûtes couverts
Vous engraissa pour plus de cent hivers.
Jamais les champs de Zama, de Pharsale,
de Malplaquet la campagne fatale,
Célèbres lieux couverts de tant de morts,
N'ont vu tenter de plus hardis efforts.
Vous eussiez vu les lances hérissées,

L'une sur l'autre en cent tronçons cassées ;
Les écuyers, les chevaux renversés,
Dessus leurs pieds à l'instant redressés ;
Le feu jaillir des coups de cimeterre,
Et du soleil redoubler la lumière;
De tous côtés voler, tomber à bas
Épaules, nez, mentons, pieds, jambes, bras.
Du haut des cieux les anges de la guerre,
Le fier Michel, et l'exterminateur,
Et des Persans le grand flagellateur,
Avaient les yeux attachés sur la terre
Et regardaient ce combat plein d'horreur.
Michel alors prit la vaste balance
Où dans le ciel on pèse les humains ;
D'une main sûre il pesa les destins,
Et les héros d'Angleterre et de France.
Nos chevaliers, pesés exactement,
Légers de poids par malheur se trouvèrent :
Du grand Talbot les destins l'emportèrent.
C'était du ciel un secret jugement.
Le Richemont se voit incontinent
Percé d'un trait de la hanche à la fesse ;
Le vieux Saintraille au-dessus du genou ;
Le beau la Hire, ah! je n'ose dire où ;
Mais que je plains sa gentille maîtresse!
Dans un marais la Trimouille enfoncé
N'en put sortir qu'avec un bras cassé :
Donc à la ville il fallut qu'ils revinssent
Tout éclopés et qu'au lit ils se tinssent.
Voilà comment ils furent bien punis,
Car ils s'étaient moqués de saint Denis.
Comme il lui plaît Dieu fait justice ou grâce;
Quesnel l'a dit : nul ne peut en douter.
Or, il lui plut le bâtard excepter

Des étourdis dont il punit l'audace.
Un chacun d'eux, laidement ajusté,
S'en retournait sur un brancard porté,
En maugréant et Jeanne et sa fortune.
Dunois, n'ayant égratignure aucune,
Pousse aux Anglais, plus prompt que les éclairs ;
Il fend leurs rangs, se fait jour à travers,
Passe, et se trouve aux lieux où la Pucelle
Fait tout tomber ou tout fuir devant elle.
Quand deux torrens, l'effroi des laboureurs,
Précipités du sommet des montagnes,
Mêlent leurs flots, assemblent leurs fureurs,
Ils vont noyer l'espoir de nos campagnes :
Plus dangereux étaient Jeanne et Dunois
Unis ensemble et frappant à la fois.
Dans leur ardeur si bien ils s'emportèrent,
Si rudement les Anglais ils chassèrent,
Que de leurs gens bientôt ils s'écartèrent.
La nuit survint. Jeanne et l'autre héros,
N'entendant plus ni Français ni Chandos,
Font tous deux halte, en criant *Vive France!*
Au coin d'un bois où régnait le silence :
Au clair de lune ils cherchent le chemin,
Ils viennent, vont, tournent, le tout en vain.
Enfin rendus, ainsi que leur monture,
Mourant de faim et lassés de chercher,
Ils maudissaient la fatale aventure
D'avoir vaincu sans savoir où coucher.
Tel un vaisseau sans voile, sans boussole,
Tournoie au gré de Neptune et d'Éole.
Un certain chien, qui passe tout auprès,
Pour les sauver sembla venir exprès ;
Ce chien approche, il jappe, il leur fait fête ;
Virant sa queue et portant haut sa tête,

Devant eux marche, et, se tournant cent fois,
Il paraissait leur dire en son patois :
Venez par-là, messieurs, suivez-moi vite;
Venez, vous dis-je, et vous aurez bon gîte.
Nos deux héros entendirent fort bien
Par ses façons ce que voulait ce chien.
Ils suivent donc, guidés par l'espérance,
En priant Dieu pour le bien de la France,
Et se faisant tous deux, de temps en temps,
Sur leurs exploits de très-beaux complimens.
Du coin lascif d'une vive prunelle
Dunois lorgnait malgré lui la Pucelle;
Mais il savait qu'à son bijou caché
De tout l'État le sort est attaché,
Et qu'à jamais la France est ruinée,
Si cette fleur se cueille avant l'année.
Il étouffait noblement ses désirs,
Et préférait l'État à ses plaisirs.
Et cependant, quand la route mal sûre
De l'âne saint faisait clocher l'allure,
Dunois ardent, Dunois officieux,
De son bras droit retenait la guerrière;
Et Jeanne d'Arc, en clignotant des yeux,
De son bras gauche étendu par-derrière
Serrait aussi ce héros vertueux :
Dont il advint, tandis qu'ils chevauchèrent,
Que très-souvent leurs bouches se touchèrent,
Pour se parler tous les deux de plus près
De la patrie et de ses intérêts.

On m'a conté, ma belle Konismare,
Que Charles douze, en son humeur bizarre,
Vainqueur des rois et vainqueur de l'amour,
N'osa t'admettre à sa brutale cour :
Charles craignait de te rendre les armes;

Il se sentit, il évita tes charmes :
Mais tenir Jeanne et ne point y toucher,
Se mettre à table, avoir faim sans manger,
Cette victoire était cent fois plus belle.
Dunois ressemble à Robert d'Arbrisselle,
A ce grand saint qui se plut à coucher
Entre les bras de deux nonnes fessues,
A caresser quatre cuisses dodues,
Quatre tétons, et le tout sans pécher.
Au point du jour apparut à leur vue
Un beau palais d'une vaste étendue :
De marbre blanc était bâti le mur ;
Une dorique et longue colonnade
Porte un balcon formé de jaspe pur ;
De porcelaine était la balustrade.
Nos paladins enchantés, éblouis,
Crurent entrer tout droit en paradis.
Le chien aboie ; aussitôt vingt trompettes
Se font entendre, et quarante estafiers
A pourpoints d'or, à brillantes baguettes,
Viennent s'offrir à nos deux chevaliers.
Très-galamment deux jeunes écuyers
Dans le palais par la main les conduisent ;
Dans des bains d'or filles les introduisent
Honnêtement ; puis lavés, essuyés,
D'un déjeûné amplement festoyés,
Dans de beaux lits brodés ils se couchèrent,
Et jusqu'au soir en héros ils ronflèrent.
Il faut savoir que le maître et seigneur
De ce logis, digne d'un empereur,
Était le fils de l'un de ces génies
Des vastes cieux habitans éternels,
De qui souvent les grandeurs infinies
S'humanisaient chez les faibles mortels.

Or cet esprit, mêlant sa chair divine
Avec la chair d'une bénédictine,
En avait eu le noble Hermaphrodix,
Grand nécromant et le très-digne fils
De cet incube et de la mère Alix.
Le jour qu'il eut quatorze ans accomplis,
Son géniteur, descendant de sa sphère,
Lui dit : Enfant, tu me dois la lumière;
Je viens te voir, tu peux former des vœux;
Souhaite, parle, et tu seras heureux.
Hermaphrodix, né très-voluptueux,
Et digne en tout de sa belle origine,
Dit : Je me sens de race bien divine,
Car je rassemble en moi tous les désirs,
Et je voudrais avoir tous les plaisirs.
De voluptés rassasiez mon âme;
Je veux aimer comme homme et comme femme,
Etre la nuit du sexe féminin,
Et tout le jour du sexe masculin.
L'incube dit : *Tel sera ton destin.*
Et dès ce jour la ribaude figure
Jouit des droits de sa double nature.
Ainsi Platon, le confident des dieux,
A prétendu que nos premiers aïeux
D'un pur limon pétri des mains divines,
Nés tous parfaits et nommés androgynes,
Également des deux sexes pourvus,
Se suffisaient par leurs propres vertus.
  Hermaphrodix était bien au-dessus;
Car se donner du plaisir à soi-même,
Ce n'est pas là le sort le plus divin;
Il est plus beau d'en donner au prochain,
Et deux à deux est le bonheur suprême.
Ses courtisans disaient que tour à tour

C'était Vénus, c'était le tendre Amour :
De tous côtés ils lui cherchaient des filles,
Des bacheliers, ou des veuves gentilles.
Hermaphrodix avait oublié net
De demander un don plus nécessaire,
Un don sans quoi nul plaisir n'est parfait,
Un don charmant; et quoi? celui de plaire.
Dieu, pour punir cet effréné paillard,
Le fit plus laid que Samuël Bernard;
Jamais ses yeux ne firent de conquêtes;
C'est vainement qu'il prodiguait les fêtes,
Les longs repas, les danses, les concerts;
Quelquefois même il composait des vers.
Mais quand le jour il tenait une belle
Et quand la nuit sa vanité femelle
Se soumettait à quelque audacieux,
Le ciel alors trahissait tous ses vœux;
Il recevait pour toutes embrassades
Mépris, dégoûts, injures, rebuffades.
Le juste ciel lui faisait bien sentir
Que les grandeurs ne sont pas du plaisir.
Quoi! disait-il, la moindre chambrière
Tient son galant étendu sur son sein;
Un lieutenant trouve une conseillère;
Dans un moutier un moine a sa nonnain;
Et moi génie, et riche, et souverain,
Je suis le seul dans la machine ronde
Privé d'un bien dont jouit tout le monde!
Lors il jura par les quatre élémens
Qu'il punirait les garçons et les belles
Qui n'auraient pas pour lui des sentimens,
Et qu'il ferait des exemples sanglans
Des cœurs ingrats, et surtout des cruelles.
Il recevait en roi les survenans :

Et de Saba la reine basanée,
Et Talestris, dans la Perse amenée,
Avaient reçu de moins riches présens
Des deux grands rois qui brûlèrent pour elles
Qu'il n'en faisait aux chevaliers errans,
Aux bacheliers, aux gentes demoiselles.
Mais si quelqu'un d'un esprit trop rétif
Manquait pour lui d'un peu de complaisance,
S'ils lui faisait la moindre résistance,
Il était sûr d'être empalé tout vif.
  Le soir venu, monseigneur étant femme,
Quatre huissiers, de la part de madame,
Viennent prier notre aimable bâtard
De vouloir bien descendre sur le tard
Dans l'entre-sol, tandis qu'en compagnie
Jeanne soupait avec cérémonie.
Le beau Dunois tout parfumé descend
Au cabinet où le souper l'attend;
Tel que jadis la sœur de Ptolémée *,
De tout plaisir noblement affamée,
Sut en donner à ces Romains fameux,
A ces héros fiers et voluptueux,
Au grand César, au brave ivrogne Antoine;
Tel que moi-même en ai fait chez un moine,
Vainqueur heureux de ses pesans rivaux,
Quand on l'élut roi vainqueur de Clervaux;
Ou tel encore aux voûtes éternelles,
Si l'on en croit frère Orphée et Nason,
Et frère Homère, Hésiode, Platon,
Le dieu des dieux, patron des infidèles,
Loin de Junon soupe avec Sémélé,

---

* Cléopâtre.

Avec Isis, Europe ou Danaé;
Les plats sont mis sur la table divine
Des belles mains de la tendre Euphrosine,
Et de Thalie, et de la jeune Églé,
Qui, comme on sait, sont là-haut les trois Grâces,
Dont nos pédans suivent si peu les traces.
Le doux nectar est servi par Hébé
Et par l'enfant du fondateur de Troie *,
Qui dans Ida, par un aigle enlevé,
De son seigneur en secret fait la joie.
Ainsi soupa madame Hermaphrodix
Avec Dunois, juste entre neuf et dix.
Madame avait prodigué la parure :
Les diamans surchargeaient sa coiffure;
Son gros cou jaune et ses deux bras carrés
Sont de rubis, de perles entourés ;
Elle en était encor plus effroyable.
Elle le presse au sortir de la table.
Dunois trembla pour la première fois.
Des chevaliers c'était le plus courtois;
Il eût voulu de quelque politesse
Payer au moins les soins de son hôtesse,
Et du tendron contemplant la laideur,
Il se disait : J'en aurai plus d'honneur.
Il n'en eut point, le plus brillant courage
Peut quelquefois essuyer cet outragé.
Hermaphrodix, en son affliction,
Eut pour Dunois quelque compassion ;
Car en secret son âme était flattée
Des grands efforts du triste champion ;
Sa probité, sa bonne intention

* Ganymède.

Fut cette fois pour le fait réputée :
Demain, dit-elle, on pourra vous offrir
Votre revanche. Allez, faites en sorte
Que votre amour sur vos respects l'emporte,
Et soyez prêt, seigneur, à mieux servir.
Déjà du jour la belle avant-courrière
De l'orient entr'ouvrait la barrière.
Or vous savez que cet instant préfix
En cavalier changeait Hermaphrodix.
Alors, brûlant d'une flamme nouvelle,
Il s'en va droit au lit de la Pucelle,
Le rideau tire, et, lui fourrant au sein,
Sans compliment, son impudente main,
En lui donnant un baiser immodeste,
Attente en maître à sa pudeur céleste,
Plus il s'agite et plus il devient laid.
Jeanne, qu'anime une chrétienne rage,
D'un bras nerveux lui détache un soufflet
A poing fermé sur son vilain visage.
Ainsi j'ai vu, dans mes fertiles champs,
Sur un pré vert, une de mes cavales,
Au poil de tigre, aux taches inégales,
Aux pieds légers, aux jarrets bondissans,
Réprimander d'une fière ruade
Un bourriquet de sa croupe amoureux,
Qui, dans sa lourde et grossière embrassade,
Dressait l'oreille et se croyait heureux.
Jeanne en cela fit sans doute une faute;
Elle devait des égards à son hôte.
De la pudeur je prends les intérêts ;
Cette vertu n'est point chez moi bannie :
Mais quand un prince, et surtout un génie,
De vous baiser a quelque douce envie,
Il ne faut pas lui donner des soufflets.

Le fils d'Alix, quoiqu'il fût des plus laids,
N'avait point vu de femme assez hardie
Pour l'oser battre en son propre palais.
Il crie, on vient, ses pages, ses valets,
Gardes, lutins, à ses ordres sont prêts;
L'un d'eux lui dit que la fière Pucelle
Envers Dunois n'était pas si cruelle.
O calomnie! affreux poison des cours!
Discours malins, faux rapports, médisance,
Serpens maudits, sifflerez-vous toujours
Chez les amans comme à la cour de France?
  Notre tyran, doublement outragé,
Sans nul délai voulut être vengé;
Il prononça la sentence fatale:
Allez, dit-il, amis, qu'on les empale.
On obéit; on fit incontinent
Tous les apprêts de ce grand châtiment.
Jeanne et Dunois, l'honneur de leur patrie,
S'en vont mourir au printemps de leur vie.
Le beau bâtard est garotté tout nu
Pour être assis sur un bâton pointu.
Au même instant, une troupe profane
Mène au poteau la belle et fière Jeanne;
Et ses soufflets ainsi que ses appas
Seront punis par un affreux trépas.
De sa chemise aussitôt dépouillée,
De coups de fouet en passant flagellée,
Elle est livrée aux cruels empaleurs.
Le beau Dunois, soumis à leurs fureurs,
N'attendant plus que son heure dernière,
Faisait à Dieu sa dévote prière:
Mais une œillade impérieuse et fière
De temps en temps étonnait les bourreaux,
Et ces regards disaient: C'est un héros.

Mais quand Dunois eut vu son héroïne,
Des fleurs de lis vengeresse divine,
Prête à subir cette effroyable mort,
Il déplora l'inconstance du sort:
De la Pucelle il parcourait les charmes:
Et, regardant les funestes apprêts
De ce trépas, il répandit des larmes,
Que pour lui-même il ne versa jamais.
   Non moins superbe et non moins charitable,
Jeanne, aux frayeurs toujours impénétrable,
Languissamment le beau bâtard lorgnait,
Et pour lui seul son grand cœur gémissait.
Leur nudité, leur beauté, leur jeunesse,
En dépit d'eux réveillait leur tendresse.
Ce feu si doux, si discret et si beau,
Ne s'échappait qu'au bord de leur tombeau:
Et cependant l'animal amphibie,
A son dépit joignant la jalousie,
Faisait aux siens l'effroyable signal
Qu'on empalât le couple déloyal.
   Dans ce moment une voix de tonnerre,
Qui fit trembler et les airs et la terre,
Crie : Arrêtez, gardez-vous d'empaler,
N'empalez pas ! Ces mots font reculer
Les fiers licteurs. On regarde, on avise
Sous le portail un grand homme d'église,
Coiffé d'un froc, les reins ceints d'un cordon:
On reconnut le père Gribourdon.
Ainsi qu'un chien, dans la forêt voisine,
Ayant senti d'une adroite narine
Le doux fumet, et tous ces petits corps
Sortant au loin de quelque cerf dix cors,
Il le poursuit d'une course légère,
Et, sans le voir, par l'odorat mené,

Franchit fossé, se glisse en la bruyère;
Par d'autres cerfs il n'est point détourné:
Ainsi le fils de saint François d'Assise,
Porté toujours sur son lourd muletier,
De la Pucelle a suivi le sentier,
Courant sans cesse et ne lâchant point prise.
  En arrivant il cria : Fils d'Alix,
Au nom du diable et par les eaux du Styx,
Par le démon qui fut ton digne père,
Par le psautier de sœur Alix ta mère,
Sauve le jour à l'objet de mes vœux!
Regarde-moi, je viens payer pour deux:
Si ce guerrier et si cette Pucelle
Ont mérité ton indignation,
Je tiendrai lieu de ce couple rebelle;
Tu sais quelle est ma réputation:
Tu vois de plus cet animal insigne,
Ce mien mulet, de me porter si digne;
Je t'en fais don, c'est pour toi qu'il est fait,
Et tu diras: Tel moine, tel mulet.
Laissons aller ce gendarme profane;
Qu'on le délie et qu'on nous laisse Jeanne;
Nous demandons tous deux, pour digne prix,
Cette beauté dont nos cœurs sont épris.
  Jeanne écoutait cet horrible langage
En frémissant: sa foi, son pucelage,
Ses sentimens d'amour et de grandeur,
Plus que la vie étaient chers à son cœur.
La grâce encor, du ciel ce don suprême,
Dans son esprit combattait Dunois même.
Elle pleurait, elle implorait les cieux;
Et, rougissant d'être ainsi toute nue,
De temps en temps fermant ses tristes yeux,
Ne voyant point, pensait n'être point vue.

Le bon Dunois était désespéré :
Quoi! disait-il, ce pendard décloîtré
Aura ma Jeanne et perdra ma patrie!
Tout va céder à ce sorcier impie!
Tandis que moi, discret jusqu'à ce jour,
Modestement je cachais mon amour!
Et cependant l'offre honnête et polie
De Grisbourdon fit un très-bon effet
Sur les cinq sens, sur l'âme du génie.
Il s'adoucit, il parut satisfait.
Ce soir, dit-il, vous et votre mulet
Tenez-vous prêts : je cède, je pardonne
A ces Français; je vous les abandonne.
Le moine gris possédait le bâton
Du bon Jacob, l'anneau de Salomon,
Sa clavicule, et la verge enchantée
Des conseillers-sorciers de Pharaon,
Et le balai sur qui parut montée
Du preux Saül la sorcière édentée,
Quand, dans Endor, à ce prince imprudent,
Elle fit voir l'âme d'un revenant.
Le cordelier en savait tout autant;
Il fit un cercle, et prit de la poussière,
Que sur la bête il jeta par derrière,
En lui disant ces mots toujours puissans
Que Zoroastre enseignait aux Persans.
A ces grands mots dits en langue du diable,
O grand pouvoir! ô merveille ineffable!
Notre mulet sur deux pieds se dressa!
Sa tête oblongue en ronde se changea,
Ses longs crins noirs petits cheveux devinrent,
Sous son bonnet ses oreilles se tinrent.
Ainsi jadis ce sublime empereur
Dont Dieu punit le cœur dur et superbe,

Devenu bœuf, et sept ans nourri d'herbe,
Redevint homme et n'en fut pas meilleur.
Du ceintre bleu de la céleste sphère
Denis voyait avec des yeux de père
De Jeanne d'Arc le déplorable cas :
Il eût voulu s'élancer ici-bas :
Mais il était lui-même en embarras.
Denis s'était attiré sur les bras
Par son voyage une fâcheuse affaire.
Saint George était le patron d'Angleterre;
Il se plaignit que monsieur saint Denis,
Sans aucun ordre et sans aucun avis,
A ses Bretons eût fait ainsi la guerre.
George et Denis, de propos en propos,
Piqués au vif, en vinrent aux gros mots.
Les saints anglais ont dans leur caractère
Je ne sais quoi de dur et d'insulaire :
On tient toujours un peu de son pays.
En vain notre âme est dans le paradis;
Tout n'est pas pur, et l'accent de province
Ne se perd point, même à la cour du prince.
Mais il est temps, lecteur, de m'arrêter :
Il faut fournir une longue carrière;
J'ai peu d'haleine, et je dois vous conter
L'événement de tout ce grand mystère,
Dire comment ce nœud se débrouilla,
Ce que fit Jeanne, et ce qui se passa
Dans les enfers, au ciel, et sur la terre.

FIN DU CHANT IV.

CHANT V.

ARGUMENT.

Le cordelier Grisbourdon, qui avait voulu violer Jeanne, est en enfer très-justement. Il raconte son aventure au diable.

O mes amis, vivons en bons chrétiens !
C'est le parti, croyez-moi, qu'il faut prendre.
A son devoir il faut enfin se rendre.
Dans mon printemps j'ai hanté des vauriens;
A leurs désirs ils se livraient en proie,
Souvent au bal, jamais dans le saint lieu;
Soupant, couchant chez des filles de joie,
Et se moquant des serviteurs de Dieu.
Qu'arrive-t-il ? la mort, la mort fatale,
Au nez camard, à la tranchante faux,
Vient visiter nos diseurs de bons mots;
La fièvre ardente, à la marche inégale,
Fille du Styx, huissière d'Atropos,
Porte le trouble en leurs petits cerveaux;
A leur chevet une garde, un notaire,
Viennent leur dire : Allons, il faut partir;
Où voulez-vous, monsieur, qu'on vous enterre?
Lors un tardif et faible repentir
Sort à regret de leur mourante bouche;
L'un à son aide appelle saint Martin,
L'autre saint Roch, l'autre sainte Mitouche.
On psalmodie, on braille du latin,

On les asperge, hélas! le tout en vain.
Au pied du lit se tapit le malin,
Ouvrant la griffe, et lorsque l'âme échappe
Du corps chétif, au passage il la happe,
Puis vous la porte au fin fond des enfers,
Digne séjour de ces esprits pervers.
 Mon cher lecteur, il est temps de te dire
Qu'un jour Satan, seigneur du sombre empire,
A ses vassaux donnait un grand régal.
Il était fête au manoir infernal;
On avait fait une énorme recrue,
Et les démons buvaient la-bienvenue
D'un certain pape et d'un gros cardinal,
D'un roi du Nord, de quatorze chanoines,
Trois intendans, deux conseillers, vingt moines,
Tout frais venus du séjour des mortels
Et dévolus aux brasiers éternels.
Le roi cornu de la huaille noire
Se déridait entouré de ses pairs.
On s'enivrait du nectar des enfers,
On fredonnait quelques chansons à boire,
Lorsqu'à la porte il s'élève un grand cri:
Ah! bonjour donc, vous voilà, vous voici;
C'est lui, messieurs, c'est le grand émissaire,
C'est Grisbourdon, notre féal ami:
Entrez, entrez, et chauffez-vous ici;
Et bras dessus, et bras dessous, beau père,
Beau Grisbourdon, docteur de Lucifer,
Fils de Satan, apôtre de l'enfer.
On vous l'embrasse, on le baise, on le serre;
On vous le porte en moins d'un tour de main,
Toujours baisé, vers le lieu du festin.
 Satan se lève et lui dit: Fils du diable,
O des frapparts ornement véritable,

Certes sitôt je n'espérais te voir :
Chez les humains tu m'étais nécessaire :
Qui mieux que toi peuplait notre manoir ?
Par toi la France était mon séminaire;
En te voyant je perds tout mon espoir.
Mais du destin la volonté soit faite!
Bois avec nous et prends place à ma droite.
    Le cordelier, plein d'une sainte horreur,
Baise à genoux l'ergot de son seigneur;
Puis d'un air morne il jette au loin la vue
Sur cette vaste et brûlante étendue,
Séjour de feu qu'habitent pour jamais
L'affreuse mort, les tourmens, les forfaits;
Trône éternel où sied l'esprit immonde,
Abîme immense où s'engloutit le monde;
Sépulcre où gît la docte antiquité,
Esprit, amour, savoir, grâce, beauté,
Et cette foule immortelle, innombrable,
D'enfans du ciel créés tous pour le diable.
    Tu sais, lecteur, qu'en ces feux dévorans
Les meilleurs rois sont avec les tyrans.
Nous y plaçons Antonin, Marc-Aurèle;
Ce bon Trajan, des princes le modèle;
Ce doux Titus, l'amour de l'univers;
Les deux Catons, ces fléaux des pervers;
Ce Scipion, maître de son courage,
Lui qui vainquit et l'amour et Carthage.
Vous y grillez, sage et docte Platon,
Divin Homère, éloquent Cicéron;
Et vous, Socrate, enfant de la sagesse,
Martyr de Dieu dans la profane Grèce;
Juste Aristide et vertueux Solon:
Tous malheureux morts sans confession.
    Mais ce qui plus étonna Grisbourdon,

Ce fut de voir en la chaudière grande
Certains quidams, saints ou rois, dont le nom
Orne l'histoire et pare la légende.
Un des premiers était le roi Clovis.
Je vois d'abord mon lecteur qui s'étonne
Qu'un si grand roi, qui tout son peuple a mis
Dans le chemin du benoît paradis,
N'ait pu jouir du salut qu'il nous donne.
Ah! qui croirait qu'un premier roi chrétien
Fût en effet damné comme un païen?
Mais mon lecteur se souviendra très-bien
Qu'être lavé de cette eau salutaire
Ne suffit pas quand le cœur est gâté.
Or ce Clovis, dans le crime empâté,
Portait un cœur inhumain, sanguinaire,
Et saint Remi ne put laver jamais
Le roi des Francs gangrené de forfaits.
 Parmi ces grands, ces souverains du monde.
Ensevelis dans cette nuit profonde,
On discernait le fameux Constantin.
Est-il bien vrai? criait avec surprise
Le moine gris : ô rigueur! ô destin!
Quoi! ce héros, fondateur de l'Eglise,
Qui de la terre a chassé les faux dieux,
Est descendu dans l'enfer avec eux!
Lors Constantin dit ces propres paroles :
J'ai renversé le culte des idoles;
Sur les débris de leurs temples fumans,
Au Dieu du ciel j'ai prodigué l'encens;
Mais tous mes soins pour sa grandeur suprême
N'eurent jamais d'autre objet que moi-même;
Les saints autels n'étaient à mes regards
Qu'un marchepied du trône des Césars;
L'ambition, les fureurs, les délices,

Étaient mes dieux, avaient mes sacrifices :
L'or des chrétiens, leurs intrigues, leur sang,
Ont cimenté ma fortune et mon rang ;
Pour conserver cette grandeur si chère,
J'ai massacré mon malheureux beau-père :
Dans les plaisirs et dans le sang plongé,
Faible et barbare en ma fureur jalouse,
Ivre d'amour et de soupçons rongé,
Je fis périr mon fils et mon épouse.
O Grisbourdon ! ne sois plus étonné
Si, comme toi, Constantin est damné.
Le révérend de plus en plus admire
Tous les secrets du ténébreux empire.
Il voit partout de grands prédicateurs,
Riches prélats, casuistes, docteurs,
Moines d'Espagne et nonnains d'Italie.
De tous les rois il voit les confesseurs ;
De nos beautés il voit les directeurs :
Le paradis ils ont eu dans leur vie.
Il aperçut dans le fond d'un dortoir
Certain frocard, moitié blanc, moitié noir,
Portant crinière en écuelle arrondie :
Au fier aspect de cet animal pie,
Le cordelier, riant d'un ris malin,
Se dit tout bas : Cet homme est jacobin.
Quel est ton nom ? lui cria-t-il soudain.
L'ombre répond d'un ton mélancolique :
Hélas ! mon fils, je suis saint Dominique.
A ce discours, à cet auguste nom,
Vous eussiez vu reculer Grisbourdon ;
Il se signait, il ne pouvait le croire.
Comment, dit-il, dans la caverne noire
Un si grand saint, un apôtre, un docteur,
Vous de la foi le sacré promoteur,

Homme de Dieu, prêcheur évangélique,
Vous dans l'enfer ainsi qu'un hérétique!
Certes ici la grâce est en défaut.
Pauvres humains, qu'on est trompé là-haut!
Et puis allez, dans vos cérémonies,
De tous les saints chanter les litanies.
Lors repartit avec un ton dolent
Notre Espagnol au manteau noir et blanc:
Ne songeons plus aux vains discours des hommes;
De leurs erreurs qu'importe le fracas?
Infortunés, tourmentés où nous sommes,
Loués, fêtés où nous ne sommes pas:
Tel sur la terre a plus d'une chapelle
Qui dans l'enfer rôtit bien tristement;
Et tel au monde on damne impunément
Qui dans les cieux a la vie éternelle.
Pour moi, je suis dans la noire sequelle
Très-justement, pour avoir autrefois
Persécuté ces pauvres Albigeois.
Je n'étais pas envoyé pour détruire,
Et je suis cuit pour les avoir fait cuire.
Oh! quand j'aurais une langue de fer,
Toujours parlant, je ne pourrais suffire,
Mon cher lecteur, à te nombrer et dire
Combien de saints on rencontre en enfer.
Quand des damnés la cohorte rôtie
Eut assez fait au fils de saint François
Tous les honneurs de leur triste patrie,
Chacun cria d'une commune voix:
Cher Grisbourdon, conte-nous, conte, conte,
Qui t'a conduit vers une fin si prompte;
Conte-nous donc par quel étonnant cas
Ton âme dure est tombée ici-bas.
Messieurs, dit-il, je ne m'en défends pas,

Je vous dirai mon étrange aventure ;
Elle pourra vous étonner d'abord :
Mais il ne faut me taxer d'imposture ;
On ne ment plus sitôt que l'on est mort.
J'étais là-haut, comme on sait, votre apôtre ;
Et, pour l'honneur du froc et pour le vôtre,
Je concluais l'exploit le plus galant
Que jamais moine ait fait hors du couvent.
Mon muletier, ah! l'animal insigne!
Ah ! le grand homme! ah ! quel rival condigne!
Mon muletier, ferme dans son devoir,
D'Hermaphrodix avait passé l'espoir.
J'avais aussi, pour ce monstre femelle,
Sans vanité, prodigué tout mon zèle :
Le fils d'Alix, ravi d'un tel effort,
Nous laissait Jeanne en vertu de l'accord.
Jeanne la forte et Jeanne la rebelle
Perdait bientôt ce grand nom de Pucelle :
Entre mes bras elle se débattait ;
Le muletier par-dessous la tenait ;
Hermaphrodix de bon cœur ricanait.
Mais croirez-vous ce que je vais vous dire ?
L'air s'entr'ouvrit, et du haut de l'empire
Qu'on nomme ciel (lieux où ni vous ni moi
N'irons jamais, et vous savez pourquoi)
Je vis descendre, ô fatale merveille !
Cet animal qui porte longue oreille
Et qui jadis à Balaam parla
Quand Balaam sur la montagne alla.
Quel terrible âne ! Il portait une selle
D'un beau velours, et sur l'arçon d'icelle
Etait un sabre à deux larges tranchans :
De chaque épaule il lui sortait une aile
Dont il volait et devançait les vents.

A haute voix alors s'écria Jeanne :
Dieu soit loué! voici venir mon âne.
A ce discours je fus transi d'effroi :
L'âne à l'instant sur quatre genoux plie,
Lève sa queue et sa tête polie,
Comme disant à Dunois : Monte-moi.
Dunois le monte, et l'animal s'envole
Sur notre tête, et passe, et caracole.
Dunois planant, le cimeterre en main,
Sur moi chétif fondit d'un vol soudain.
Mon cher Satan, mon seigneur souverain,
Ainsi, dit-on, lorsque tu fis la guerre
Imprudemment au maître du tonnerre,
Tu vis sur toi s'élancer saint Michel,
Vengeur fatal des injures du ciel.
 Réduit alors à défendre ma vie,
J'eus mon recours à la sorcellerie ;
Je dépouillai d'un nerveux cordelier
Le sourcil noir et le visage altier.
Je pris la mine et la forme charmante
D'une beauté douce, fraîche, innocente ;
De blonds cheveux se jouaient sur mon sein ;
De gaze fine une étoffe brillante
Fit entrevoir une gorge naissante :
J'avais tout l'art du sexe féminin ;
Je composais mes yeux et mon visage ;
On y voyait cette naïveté
Qui toujours trompe et qui toujours engage.
Sous ce vernis un air de volupté
Eût des humains rendu fou le plus sage.
J'eusse amolli le cœur le plus sauvage,
Car j'avais tout, artifice et beauté.
Mon paladin en parut enchanté.
J'allais périr ; ce héros invincible

Avait levé son braquemart terrible;
Son bras était à demi descendu,
Et Grisbourdon se croyait pourfendu.
　Dunois regarde, il s'émeut, il s'arrête.
Qui de Méduse eût vu jadis la tête
Était en roc mué soudainement.
Le beau Dunois changea bien autrement.
Il avait l'âme avec les yeux frappée.
Je vis tomber sa redoutable épée;
Je vis Dunois sentir à mon aspect
Beaucoup d'amour et beaucoup de respect.
Qui n'aurait cru que j'eusse eu la victoire?
Mais voici bien le pis de mon histoire.
　Le muletier, qui pressait dans ses bras
De Jeanne d'Arc les robustes appas,
En me voyant si gentille et si belle,
Brûla soudain d'une flamme nouvelle.
Hélas! mon cœur ne le soupçonnait pas
De convoiter des charmes délicats.
Un cœur grossier connaître l'inconstance!
Il lâcha prise et j'eus la préférence.
Il quitte Jeanne: ah! funeste beauté!
A peine Jeanne est-elle en liberté
Qu'elle aperçut le brillant cimeterre
Qu'avait Dunois laissé tomber par terre.
Du fer tranchant sa dextre se saisit;
Et, dans l'instant que le rustre infidèle
Quittait pour moi la superbe Pucelle,
Par le chignon Jeanne d'Arc m'abattit,
Et d'un revers la nuque me fendit.
Depuis ce temps je n'ai nulle nouvelle
Du muletier, de Jeanne la cruelle,
D'Hermaphrodix, de l'âne, de Dunois.
Puissent-ils tous être empalés cent fois!

Et que le ciel, qui confond les coupables,
Pour mon plaisir les donne à tous les diables !
Ainsi parlait le moine avec aigreur,
Et tout l'enfer en rit d'assez bon cœur.

FIN DU CHANT V.

CHANT VI.

ARGUMENT.

Aventure d'Agnès et de Monrose. Temple de la Renommée. Aventure tragique de Dorothée.

Quittons l'enfer, quittons ce gouffre immonde
Où Grisbourdon brûle avec Lucifer.
Dressons mon vol aux campagnes de l'air
Et revoyons ce qui se passe au monde.
Ce monde, hélas ! est bien un autre enfer.
J'y vois partout l'innocence proscrite,
L'homme de bien flétri par l'hypocrite;
L'esprit, le goût, les beaux-arts éperdus,
Sont envolés, ainsi que les vertus.
Une rampante et lâche politique
Tient lieu de tout, est le mérite unique.
Le zèle affreux des dangereux dévots
Contre le sage arme la main des sots ;
Et l'intérêt, ce vil roi de la terre,

Pour qui l'on fait et la paix et la guerre,
Triste et pensif auprès d'un coffre-fort,
Vend le plus faible aux crimes du plus fort.
Chétifs mortels, insensés et coupables,
De tant d'horreurs à quoi bon vous noircir?
Ah! malheureux, qui péchez sans plaisir,
Dans vos erreurs soyez plus raisonnables;
Soyez au moins des pécheurs fortunés;
Et, puisqu'il faut que vous soyez damnés,
Damnez-nous donc pour des fautes aimables.
    Agnès Sorel sut en user ainsi.
On ne lui peut reprocher dans sa vie
Que les douceurs d'une tendre folie.
Je lui pardonne, et je pense qu'aussi
Dieu tout clément aura pris pitié d'elle.
En paradis tout saint n'est pas pucelle;
Le repentir est vertu du pécheur.
    Quand Jeanne d'Arc défendait son honneur,
Et que du fil de sa céleste épée
De Grisbourdon la tête fut coupée,
Notre âne ailé, qui dessus son harnois
Portait en l'air le chevalier Dunois,
Conçut alors le caprice profane
De l'éloigner et de l'ôter à Jeanne.
Quelle raison en avait-il? l'amour,
Le tendre amour et la naissante envie
Dont en secret son âme était saisie.
L'ami lecteur apprendra quelque jour
Quel trait de flamme et quelle idée hardie
Pressait déjà ce héros d'Arcadie.
    L'animal saint eut donc la fantaisie
De s'envoler devers la Lombardie;
Le bon Denis en secret conseilla
Cette escapade à sa monture ailée.

Vous demandez, lecteur, pourquoi cela?
C'est que Denis lut dans l'âme troublée
De son bel âne et de son beau bâtard.
Tous deux brûlaient d'un feu qui, tôt ou tard,
Aurait pu nuire à la cause commune,
Perdre la France, et Jeanne, et sa fortune.
Denis pensa que l'absence et le temps
Les guériraient de leurs amours naissans.
Denis encore avait en cette affaire
Un autre but, une bonne œuvre à faire.
Craignez, lecteur, de blâmer ses desseins,
Et respectez tout ce que font les saints.
 L'âne céleste, où Denis met sa gloire,
S'envola donc loin des rives de Loire,
Droit vers le Rhône, et Dunois stupéfait
A tire d'aile est parti comme un trait.
Il regardait de loin son héroïne,
Qui, toute nue, et le fer à la main,
Le cœur ému d'une fureur divine,
Rouge de sang, se frayait un chemin.
Hermaphrodix veut l'arrêter en vain:
Ses farfadets, son peuple aérien,
En cent façons volent sur son passage.
Jeanne s'en moque et passe avec courage.
Lorsqu'en un bois quelque jeune imprudent
Voit une ruche, et, s'approchant, admire
L'art étonnant de ce palais de cire,
De toutes parts un essaim bourdonnant
Sur mon badaud s'en vient fondre avec rage;
Un peuple ailé lui couvre le visage:
L'homme piqué court à tort à travers;
De ses deux mains il frappe, il se démène,
Dissipe, tue, écrase par centaine,
Cette canaille, habitante des airs.

C'était ainsi que la Pucelle fière
Chassait au loin cette foule légère.
A ses genoux le chétif muletier,
Craignant pour soi le sort du cordelier,
Tremble et s'écrie : O Pucelle ! ô ma mie,
Dans l'écurie autrefois tant servie !
Quelle furie ! épargne au moins ma vie :
Que les honneurs ne changent point tes mœurs !
Tu vois mes pleurs : ah ! Jeanne, je me meurs !
Jeanne répond : Faquin, je te fais grâce ;
Dans ton vil sang, de fange tout chargé,
Ce fer divin ne sera point plongé.
Végète encore, et que ta lourde masse
Ait à l'instant l'honneur de me porter :
Je ne te puis en mulet translater ;
Mais ne m'importe ici de ta figure ;
Homme ou mulet, tu seras ma monture.
Dunois m'a pris l'âne qui fut pour moi,
Et je prétends le retrouver en toi :
Çà, qu'on se courbe. Elle dit, et la bête
Baisse à l'instant sa lourde et chauve tête,
Marche des mains, et Jeanne, sur son dos,
Va dans les champs affronter les héros.
Pour le Génie, il jura par son père
De tourmenter toujours les bons Français ;
Son cœur navré pencha vers les Anglais :
Il se promit, dans sa juste colère,
De se venger du tour qu'on lui jouait,
De bien punir tout Français indiscret
Qui, pour son dam, passerait sur sa terre.
Il fait bâtir au plus vite un château
D'un goût bizarre et tout-à-fait nouveau,
Un labyrinthe, un piége, où sa vengeance
Veut attraper les héros de la France.

Mais que devint la belle Agnès Sorel?
Vous souvient-il de son trouble cruel?
Comme elle fut interdite, éperdue,
Quand Jean Chandos l'embrassait toute nue?
Ce Jean Chandos s'élança de ses bras
Très-brusquement et courut aux combats.
La belle Agnès crut sortir d'embarras.
De son danger encor toute surprise,
Elle jurait de n'être jamais prise
A l'avenir en un semblable cas.
Au bon roi Charle elle jurait tout bas
D'aimer toujours ce roi qui n'aime qu'elle,
De respecter ce tendre et doux lien,
Et de mourir plutôt qu'être infidèle;
Mais il ne faut jamais jurer de rien.
Dans ce fracas, dans ce trouble effroyable,
D'un camp surpris tumulte inséparable,
Quand chacun court, officier et soldat,
Que l'un s'enfuit et que l'autre combat,
Que les valets, fripons suivant l'armée,
Pillent le camp, de peur des ennemis;
Parmi les cris, la poudre et la fumée,
La belle Agnès, se voyant sans habits,
Du grand Chandos entre en la garde-robe;
Puis, avisant chemise, mules, robe,
Saisit le tout en tremblant et sans bruit;
Même elle prend jusqu'au bonnet de nuit.
Tout vint à point: car de bonne fortune
Elle aperçut une jument bai-brune,
Bride à la bouche et selle sur le dos,
Que l'on devait amener à Chandos.
Un écuyer, vieil ivrogne intrépide,
Tout en dormant la tenait par la bride.
L'adroite Agnès s'en va subtilement

Oter la bride à l'écuyer dormant;
Puis, se servant de certaine escabelle,
Y pose un pied, monte, se met en selle,
Pique, et s'en va, croyant gagner les bois,
Pleine de crainte et de joie à la fois.
L'ami Bonneau court à pied dans la plaine,
En maudissant sa pesante bedaine,
Ce beau voyage, et la guerre, et la cour,
Et les Anglais, et Sorel, et l'amour.
Or de Chandos le très-fidèle page
(Monrose était le nom du personnage),
Qui revenait ce matin d'un message,
Voyant de loin tout ce qui se passait,
Cette jument qui vers le bois courait,
Et de Chandos la robe et le bonnet,
Devinant mal ce que ce pouvait être,
Crut fermement que c'était son cher maître
Qui, loin du camp, demi-nu s'enfuyait.
Épouvanté de l'étrange aventure,
D'un coup de fouet il hâte sa monture,
Galope, et crie: Ah! mon maître! ah! seigneur!
Vous poursuit-on? Charlot est-il vainqueur?
Où courez-vous? je vais partout vous suivre:
Si vous mourez, je cesserai de vivre.
Il dit, et vole; et le vent emportait
Lui, son cheval, et tout ce qu'il disait.
La belle Agnès, qui se croit poursuivie,
Court dans le bois au péril de sa vie:
Le page y vole; et plus elle s'enfuit,
Plus notre Anglais avec ardeur la suit.
La jument bronche, et la belle éperdue,
Jetant un cri dont retentit la nue,
Tombe à côté sur la terre étendue.
Le page arrive aussi prompt que les vents:

Mais il perdit l'usage de ses sens
Quand cette robe ouverte et voltigeante
Lui découvrit une beauté touchante,
Un sein d'albâtre et les charmans trésors
Dont la nature embellissait son corps.
Bel Adonis, telle fut ta surprise
Quand la maîtresse et de Mars et d'Anchise,
Du haut des cieux, le soir, au coin d'un bois,
S'offrit à toi pour la première fois.
Vénus sans doute avait plus de parure;
Une jument n'avait point renversé
Son corps divin, de fatigue harassé;
Bonnet de nuit n'était point sa coiffure;
Son cul d'ivoire était sans meurtrissure :
Mais Adonis, à ces attraits tout nus,
Balancerait entre Agnès et Vénus.
Le jeune Anglais se sentit l'âme atteinte
D'un feu mêlé de respect et de crainte;
Il prend Agnès et l'embrasse en tremblant :
Hélas! dit-il, seriez-vous point blessée?
Agnès sur lui tourne un œil languissant,
Et, d'une voix timide, embarrassée,
En soupirant elle lui parle ainsi :
Qui que tu sois qui me poursuis ici,
Si tu n'as point un cœur né pour le crime,
N'abuse point du malheur qui m'opprime;
Jeune étranger, conserve mon honneur,
Sois mon appui, sois mon libérateur.
Elle ne put en dire davantage :
Elle pleura, détourna son visage,
Triste, confuse, et tout bas promettant
D'être fidèle au bon roi son amant.
Monrose ému fut un temps en silence;
Puis il lui dit d'un ton tendre et touchant :

O de ce monde adorable ornement,
Que sur les cœurs vous avez de puissance!
Je suis à vous, comptez sur mon secours;
Vous disposez de mon cœur, de mes jours,
De tout mon sang; ayez tant d'indulgence
Que d'accepter que j'ose vous servir;
Je n'en veux point une autre récompense:
C'est être heureux que de vous secourir.
Il tire alors un flacon d'eau des carmes;
Sa main timide en arrose ses charmes,
Et ces endroits de roses et de lis
Qu'avaient la selle et la chute meurtris.
La belle Agnès rougissait sans colère,
Ne trouvait point sa main trop téméraire,
Et le lorgnait sans bien savoir pourquoi,
Jurant toujours d'être fidèle au roi.
Le page ayant employé sa bouteille:
Rare beauté, dit-il, je vous conseille
De cheminer jusqu'en un bourg voisin:
Nous marcherons par ce petit chemin.
Dedans ce bourg nul soldat ne demeure;
Nous y serons avant qu'il soit une heure.
J'ai de l'argent, et l'on vous trouvera
Et coiffe, et jupe, et tout ce qu'il faudra
Pour habiller avec plus de décence
Une beauté digne du roi de France.
La dame errante approuva son avis;
Monrose était si tendre et si soumis,
Était si beau, savait à tel point vivre,
Qu'on ne pouvait s'empêcher de le suivre.
Quelque censeur, interrompant le fil
De mon discours, dira: Mais se peut-il
Qu'un étourdi, qu'un jeune Anglais, qu'un page,
Fût près d'Agnès respectueux et sage,

Qu'il ne prît pas la moindre liberté?
Ah! laissez-là vos censures rigides :
Ce page aimait ; et si la volupté
Nous rend hardis, l'amour nous rend timides.
Agnès et lui marchaient donc vers ce bourg,
S'entretenant de beaux propos d'amour,
D'exploits de guerre et de chevalerie,
De vieux romans pleins de galanterie.
Notre écuyer, de cent pas en cent pas,
S'approchait d'elle et baisait ses beaux bras;
Le tout d'un air respectueux et tendre :
La belle Agnès ne savait s'en défendre :
Mais rien de plus : ce jeune homme de bien
Voulait beaucoup et ne demandait rien.
Dedans le bourg ils sont entrés à peine,
Dans un logis son écuyer la mène
Bien fatiguée ; Agnès entre deux draps
Modestement repose ses appas.
Monrose court, et va tout hors d'haleine
Chercher partout, pour dignement servir,
Alimenter, chausser, coiffer, vêtir,
Cette beauté déjà sa souveraine.
Charmant enfant dont l'amour et l'honneur
Ont pris plaisir à diriger le cœur,
Où sont les gens dont la sagesse égale
Les procédés de ton âme loyale?
Dans ce logis (je ne puis le nier)
De Jean Chandos logeait un aumônier.
Tout aumônier est plus hardi qu'un page.
Le scélérat, informé du voyage
Du beau Monrose et de la belle Agnès,
Et, trop instruit que dans son voisinage,
A quatre pas reposaient tant d'attraits,
Pressé soudain de son désir infâme,

Les yeux ardens, le sang rempli de flamme,
Le corps en rut, de luxure enivré,
Entre en jurant comme un désespéré,
Ferme la porte et les deux rideaux tire.
Mais, cher lecteur, il convient de te dire
Ce que faisait en ce même moment
Le grand Dunois sur son âne volant.
   Au haut des airs, où les Alpes chenues
Portent leur tête et divisent les nues,
Vers ce rocher fendu par Annibal,
Fameux passage aux Romains si fatal,
Qui voit le ciel s'arrondir sur sa tête,
Et sous ses pieds se former la tempête,
Est un palais de marbre transparent,
Sans toit ni porte, ouvert à tout venant;
Tous les dedans sont des glaces fidèles;
Si que chacun qui passe devant elles,
Ou belle ou laide, ou jeune homme ou barbon,
Peut se mirer tant qu'il lui semble bon.
   Mille chemins mènent devers l'empire
De ces beaux lieux où si bien l'on se mire.
Mais ces chemins sont tous bien dangereux;
Il faut franchir des abîmes affreux.
Tel bien souvent sur ce nouvel Olympe
Est arrivé sans trop savoir par où :
Chacun y court; et tandis que l'un grimpe,
Il en est cent qui se cassent le cou.
   De ce palais la superbe maîtresse
Est cette vieille et bavarde déesse,
La Renommée, à qui dans tous les temps
Le plus modeste a donné quelque encens.
Le sage dit que son cœur la méprise,
Qu'il hait l'éclat que lui donne un grand nom,
Que la louange est pour l'âme un poison :

Le sage ment et dit une sottise.
La Renommée est donc en ces hauts lieux :
Les courtisans dont elle est entourée,
Princes, pédans, guerriers, religieux,
Cohorte vaine et de vent enivrée,
Vont tous priant et criant à genoux :
O Renommée ! ô puissante déesse !
Qui savez tout et qui parlez sans cesse,
Par charité, parlez un peu de nous!
Pour contenter leurs ardeurs indiscrètes,
La Renommée a toujours deux trompettes:
L'une, à sa bouche appliquée à propos,
Va célébrant les exploits des héros;
L'autre est au cul, puisqu'il faut vous le dire.
C'est celle-ci qui sert à nous instruire
De ce fatras de volumes nouveaux,
Productions de plumes mercenaires,
Et du Parnasse insectes éphémères,
Qui, l'un par l'autre éclipsés tour à tour,
Faits en un mois, périssent en jour,
Ensevelis dans le fond des colléges,
Rongés des vers, eux et leurs priviléges.
Un vil ramas de prétendus auteurs,
Du vrai génie infâmes détracteurs,
Guyon, Fréron, la Beaumelle, Nonotte,
Et ce rebut de la troupe bigotte,
Ce savetier, de la fraude instrument,
Qui vend sa plume et ment pour de l'argent;
Tous ces marchands d'opprobre et de fumée,
Osent pourtant chercher la Renommée;
Couverts de fange, ils ont la vanité
De se montrer à la divinité:
A coups de fouets chassés du sanctuaire,
A peine encore ils ont vu son derrière.

Gentil Dunois, sur ton ânon monté,
En ce beau lieu tu te vis transporté,
Ton nom fameux, qu'avec justice on fête,
Était corné par la trompette honnête.
Tu regardas ces miroirs si polis :
O quelle joie enchantait tes esprits!
Car tu voyais dans ces glaces brillantes
De tes vertus les peintures vivantes;
Non-seulement des siéges, des combats
Et ces exploits qui font tant de fracas,
Mais des vertus encor plus difficiles,
Des malheureux de tes bienfaits chargés
Te bénissant au sein de leurs asiles,
Des gens de bien à la cour protéges,
Des orphelins de leurs tuteurs vengés.
Dunois, ainsi contemplant son histoire,
Se complaisait à jouir de sa gloire.
Son âne aussi, s'amusant à se voir,
Se pavanait de miroir en miroir.
On entendit dessus ces entrefaites
Sonner en l'air l'une des deux trompettes;
Elle disait : Voici l'horrible jour
Où dans Milan la sentence est dictée,
On va brûler la belle Dorothée :
Pleurez, mortels qui connaissez l'amour.
Qui? dit Dunois, quelle est donc cette belle?
Qu'a-t-elle fait? pourquoi la brûle-t-on?
Passe, après tout, si c'est une laidron;
Mais dans le feu mettre un jeune tendron,
Par tous les saints! c'est chose trop cruelle.
Les Milanais ont donc perdu l'esprit?
Comme il parlait la trompette reprit :
O Dorothée, ô pauvre Dorothée!
En feu cuisant tu vas être jetée,

Si la valeur d'un chevallier loyal
Ne te *recout* de ce brasier fatal.
A cet avis, Dunois sentit dans l'âme
Un prompt désir de secourir la dame;
Car vous savez que, sitôt qu'il s'offrait
Occasion de marquer son courage,
Venger un tort, redresser quelque outrage,
Sans raisonner, ce héros y courait.
Allons, dit-il, à son âne fidèle,
Vole à Milan, vole où l'honneur t'appelle.
L'âne aussitôt ses deux ailes étend;
Un chérubin va moins rapidement.
On voit déjà la ville où la justice
Arrangeait tout pour cet affreux supplice.
Dans la grand' place on élève un bûcher;
Trois cents archers, gens cruels et timides,
Du mal d'autrui monstres toujours avides,
Rangent le peuple, empêchent d'approcher.
On voit partout le beau monde aux fenêtres,
Attendant l'heure et déjà larmoyant:
Sur un balcon l'archevêque et ses prêtres
Observent tout d'un œil sec et content.
Quatre alguazils amènent Dorothée
Nue en chemise et de fer garrottée.
Le désespoir et la confusion,
Le juste excès de son affliction
Devant ses yeux répandent un nuage;
Des pleurs amers inondent son visage.
Elle entrevoit d'un œil mal assuré
L'affreux poteau pour sa mort préparé;
Et ses sanglots se faisant un passage:
O mon amant! ô toi qui dans mon cœur
Règnes encore en ces momens d'horreur!...
Elle ne put en dire davantage;

Et, bégayant le nom de son amant,
Elle tomba sans voix, sans mouvement,
Le front jauni d'une pâleur mortelle :
Dans cet état elle était encor belle.
Un scélérat nommé Sacrogorgon,
De l'archevêque infâme champion,
La dague au-poing vers le bûcher s'avance,
Le chef armé de fer et d'impudence,
Et dit tout haut : Messieurs, je jure Dieu
Que Dorothée a mérité le feu !
Est-il quelqu'un qui prenne sa querelle ?
Est-il quelqu'un qui combatte pour elle ?
S'il en est un, que cet audacieux
Ose à l'instant se montrer à mes yeux ;
Voici de quoi lui fendre la cervelle.
Disant ces mots, il marche fièrement,
Branlant en l'air un braquemart tranchant,
Roulant les yeux, tordant sa laide bouche.
On frémissait à son aspect farouche,
Et dans la ville il n'était écuyer
Qui Dorothée osât justifier.
Sacrogorgon venait de les confondre :
Chacun pleurait et nul n'osait répondre.
Le fier prélat, du haut de son balcon,
Encourageait le brutal champion.
Le beau Dunois, qui planait sur la place,
Fut si choqué de l'insolente audace
De ce pervers, et Dorothée en pleurs
Était si belle au sein de tant d'horreurs,
Son désespoir la rendait si touchante,
Qu'en la voyant il la crut innocente.
Il saute à terre, et d'un ton élevé :
C'est moi, dit-il, face de réprouvé,
Qui viens ici montrer par mon courage

Que Dorothée est vertueuse et sage,
Et que tu n'es qu'un fanfaron brutal,
Suppôt du crime et menteur déloyal!
Je veux d'abord savoir de Dorothée
Quelle noirceur lui peut être imputée,
Quel est son cas, et par quel guet-à-pan
On fait brûler les belles à Milan.
Il dit. Le peuple, à la surprise en proie,
Poussa des cris d'espérance et de joie.
Sacrogorgon, qui se mourait de peur,
Fit comme il put semblant d'avoir du cœur.
Le fier prélat, sous sa mine hypocrite,
Ne peut cacher le trouble qui l'agite.
A Dorothée alors le beau Dunois
S'en vint parler d'un air noble et courtois.
Les yeux baissés, la belle lui raconte
En soupirant son malheur et sa honte:
L'âne divin, sur l'église perché,
De tout ce cas paraissait fort touché,
Et de Milan les dévotes familles
Bénissaient Dieu qui prend pitié des filles.

FIN DU CHANT VI.

CHANT VII.

ARGUMENT.

Comment Dunois sauva Dorothée, condamnée à la mor par l'inquisition.

Lorsque autrefois, au printemps de mes jours,
Je fus quitté par ma belle maîtresse,
Mon tendre cœur fut navré de tristesse,
Et je pensai renoncer aux amours;
Mais d'offenser par le moindre discours
Cette beauté que j'avais encensée,
De son bonheur oser troubler le cours,
Un tel forfait n'entra dans ma pensée.
Gêner un cœur, ce n'est pas ma façon.
Que si je traite ainsi les infidèles,
Vous comprenez, à plus forte raison,
Que je respecte encor plus les cruelles.
Il est affreux d'aller persécuter
Un jeune cœur que l'on n'a pu dompter.
Si la maîtresse objet de votre hommage
Ne peut pour vous des mêmes feux brûler,
Cherchez ailleurs un plus doux esclavage :
On trouve assez de quoi se consoler :
Ou bien buvez; c'est un parti fort sage.
Et plût à Dieu qu'en un cas tout pareil
Le tonsuré qu'amour rendit barbare,
Cet oppresseur d'une beauté si rare,
Se fût servi d'un aussi bon conseil!

Déjà Dunois à la belle affligée
Avait rendu le courage et l'espoir ;
Mais, avant tout, il convenait savoir
Les attentats dont elle était chargée.
O vous, dit-elle en baissant ses beaux yeux,
Ange divin qui descendez des cieux,
Vous qui venez prendre ici ma défense,
Vous savez bien quelle est mon innocence.
Dunois reprit : Je ne suis qu'un mortel;
Je suis venu par une étrange allure
Pour vous sauver d'un trépas si cruel.
Nul dans les cœurs ne lit que l'Éternel.
Je crois votre âme et vertueuse et pure;
Mais dites-moi, pour Dieu, votre aventure.
Lors Dorothée, en essuyant les pleurs
Dont le torrent son beau visage mouille,
Dit : L'amour seul a fait tous mes malheurs.
Connaissez-vous monsieur de la Trimouille?
Oui, dit Dunois, c'est mon meilleur ami;
Peu de héros ont une âme aussi belle :
Mon roi n'a point de guerrier plus fidèle,
L'Anglais n'a point de plus fier ennemi;
Nul chevalier n'est plus digne qu'on l'aime.
Il est trop vrai, dit-elle, c'est lui-même.
Il ne s'est pas écoulé plus d'un an
Depuis le jour qu'il a quitté Milan.
C'est en ces lieux qu'il m'avait adorée;
Il le jurait, et j'ose être assurée
Que son grand cœur est toujours enflammé,
Qu'il m'aime encor, car il est trop aimé.
  Ne doutez point, dit Dunois de son âme;
Votre beauté vous répond de sa flamme :
Je le connais; il est, ainsi que moi,
A ses amours fidèle comme au roi.

L'autre reprit : Ah ! monsieur, je vous croi.
O jour heureux où je le vis paraître,
Où des mortels il était à mes yeux
Le plus aimable et le plus vertueux,
Où de mon cœur il se rendit le maître !
Je l'adorais avant que ma raison
Eût pu savoir si je l'aimais ou non.
Ce fut, monsieur, ô moment délectable !
Chez l'archevêque, où nous étions à table,
Que ce héros, plein de sa passion,
Me fit, me fit sa déclaration.
Ah ! j'en perdis la parole et la vue ;
Mon sang brûla d'une ardeur inconnue ;
Du tendre amour j'ignorais le danger,
Et de plaisir je ne pouvais manger.
Le lendemain il me rendit visite ;
Elle fut courte, il prit congé trop vite.
Quand il partit, mon cœur le rappelait,
Mon tendre cœur après lui s'envolait.
Le lendemain il eut un tête-à-tête
Un peu plus long, mais non pas moins honnête ;
Le lendemain il en reçut le prix
Par deux baisers sur mes lèvres ravis ;
Le lendemain il osa davantage,
Il me promit la foi de mariage ;
Le lendemain il fut entreprenant,
Le lendemain il me fit un enfant.
Que dis-je, hélas ! faut-il que je raconte
De point en point mes malheurs et ma honte,
Sans que je sache, ô digne chevalier,
A quel héros j'ose me confier ?
Le chevalier, par pure obéissance,
Dit, sans vanter ses faits ni sa naissance,
Je suis Danois. C'était en dire assez.

Dieu, reprit-elle, ô Dieu qui m'exaucez,
Quoi! vos bontés font voler à mon aide
Ce grand Dunois, ce bras à qui tout cède!
Ah! qu'on voit bien d'où vous tenez le jour,
Charmant bâtard, cœur noble, âme sublime!
Le tendre amour me faisait sa victime;
Mon salut vient d'un enfant de l'amour:
Le ciel est juste, et l'espoir me ranime.
  Vous saurez donc, brave et gentil Dunois,
Que mon amant, au bout de quelques mois,
Fut obligé de partir pour la guerre:
Guerre funeste, et maudite Angleterre!
Il écouta la voix de son devoir.
Mon tendre amour était au désespoir.
Un tel état vous est connu sans doute,
Et vous savez, monsieur, ce qu'il en coûte.
Ce fier devoir fit seul tous nos malheurs:
Je l'approuvais en répandant des pleurs.
Mon cœur était forcé de se contraindre;
Et je mourais, mais sans pouvoir m'en plaindre.
Il me donna le présent amoureux
D'un bracelet fait de ses blonds cheveux,
Et son portrait, qui, trompant son absence,
M'a fait cent fois retrouver sa présence.
Un cher écrit surtout il me laissa,
Que de sa main le ferme amour traça:
C'était, monsieur, une juste promesse,
Un sûr garant de sa sainte tendresse;
On y lisait: Je jure par l'amour,
Par les plaisirs de mon âme enchantée,
De revenir bientôt en cette cour
Pour épouser ma chère Dorothée.
  Las! il partit; il porta sa valeur
Dans Orléans. Peut-être il est encore

Dans ces remparts où l'appela l'honneur.
Ah ! s'il savait quels maux et quelle horreur
Sont loin de lui le prix de mon ardeur !
Non, juste ciel! il vaut mieux qu'il l'ignore.
Il partit donc; et moi je m'en allai,
Loin des soupçons d'une ville indistrète,
Chercher aux champs une sombre retraite,
Conforme aux soins de mon cœur désolé.
Mes parens morts, libre dans ma tristesse,
Cachée au monde et fuyant tous les yeux,
Dans le secret le plus mystérieux
J'ensevelis mes pleurs et ma grossesse.
Mais, par malheur, hélas! je suis la nièce
De l'archevêque... A ces funestes mots,
Elle sentit redoubler ses sanglots.
Puis, vers le ciel tournant ses yeux en larmes,
J'avais, dit-elle, en secret mis au jour
Ce tendre fruit de mon furtif amour;
Avec mon fils, consolant mes alarmes,
De mon amant j'attendais le retour.
A l'archevêque il prit en fantaisie
De venir voir quelle espèce de vie
Menait sa nièce au fond de ces forêts:
Pour ma campagne il quitta son palais;
Il fut touché de mes faibles attraits.
Cette beauté, présent cher et funeste,
Ce don fatal, qu'aujourd'hui je déteste,
Perça son cœur des plus dangereux traits.
Il s'expliqua : ciel ! que je fus surprise!
Je lui parlai des devoirs de son rang,
De son état, des nœuds sacrés du sang;
Je remontrai l'horreur de l'entreprise;
Elle outrageait la nature et l'Église.
Hélas! j'eus beau lui parler de devoir,

Il s'entêta d'un chimérique espoir.
Il se flattait que mon cœur indocile
D'aucun objet ne s'était prévenu,
Qu'enfin l'amour ne m'était point connu,
Que son triomphe en serait plus facile;
Il m'accablait de ses soins fatigans,
De ses désirs rebutés et pressans.
Hélas! un jour que, toute à ma tristesse,
Je relisais cette douce promesse,
Que de mes pleurs je mouillais cet écrit,
Mon cruel oncle en lisant me surprit.
Il se saisit, d'une main ennemie,
De ce papier qui contenait ma vie:
Il lut; il vit dans cet écrit fatal
Tous mes secrets, ma flamme et son rival.
Son âme alors, jalouse et forcenée,
A ses désirs fut plus abandonnée;
Toujours alerte et toujours m'épiant,
Il sut bientôt que j'avais un enfant.
Sans doute un autre en eût perdu courage;
Mais l'archevêque en devint plus ardent,
Et se sentant sur moi cet avantage:
Ah! me dit-il, n'est-ce donc qu'avec moi
Que vous aurez la fureur d'être sage?
Et vos faveurs seront le seul partage
De l'étourdi qui ravit votre foi?
Osez-vous bien me faire résistance?
Y pensez-vous? vous ne méritez pas
Le fol amour que j'ai pour vos appas:
Cédez sur l'heure, ou craignez ma vengeance!
Je me jetai tremblante à ses genoux;
J'attestai Dieu, je répandis des larmes.
Lui, furieux d'amour et de courroux,
En cet état me trouva plus de charmes;

Il me renverse et va me violer;
A mon secours il fallut appeler :
Tout son amour soudain se tourne en rage.
D'un oncle, ô ciel ! souffrir un tel outrage!
De coups affreux il meurtrit mon visage.
On vient au bruit; mon oncle, au même instant,
Joint à son crime un crime encor plus grand :
Chrétiens, dit-il, ma nièce est une impie ;
Je l'abandonne et je l'excommunie :
Un hérétique, un damné suborneur
Publiquement a fait son déshonneur ;
L'enfant qu'ils ont est un fruit d'adultère.
Que Dieu confonde et le fils et la mère !
Et, puisqu'ils ont ma malédiction,
Qu'ils soient livrés à l'inquisition !
Il ne fit point une menace vaine;
Et dans Milan le traître arrive à peine
Qu'il fait agir le grand-inquisiteur :
On me saisit, prisonnière on m'entraîne
Dans des cachots, où le pain de douleur
Etait ma seule et triste nourriture,
Lieux souterrains, lieux d'une nuit obscure,
Séjour de mort et tombeau des vivans !
Après trois jours on me rend la lumière,
Mais pour la perdre au milieu des tourmens.
Vous les voyez ces brasiers dévorans ;
C'est là qu'il faut expirer à vingt ans ;
Voilà mon lit à mon heure dernière !
C'est là, c'est là, sans votre bras vengeur,
Qu'on m'arrachait la vie avec l'honneur !
Plus d'un guerrier aurait, selon l'usage,
Pris ma défense et pour moi combattu :
Mais l'archevêque enchaîne leur vertu ;
Contre l'Eglise ils n'ont point de courage.

Qu'attendre, hélas! d'un cœur italien?
Ils tremblent tous à l'aspect d'une étole :
Mais un Français n'est alarmé de rien
Et braverait le pape au Capitole.
  A ces propos, Dunois, piqué d'honneur,
Plein de pitié pour la belle accusée,
Plein de courroux pour son persécuteur,
Brûlait déjà d'exercer sa valeur,
Et se flattait d'une victoire aisée :
Bien surpris fut de se voir entouré
De cent archers, dont la cohorte fière
L'investissait noblement par derrière.
Un cuistre en robe, avec bonnet carré,
Criait d'un ton de vrai *miserere* :
« On fait savoir de par la sainte Eglise,
Par monseigneur, pour la gloire de Dieu,
A tous chrétiens que le ciel favorise,
Que nous venons de condamner au feu
Cet étranger, ce champion profane,
De Dorothée infâme chevalier,
Comme infidèle, hérétique et sorcier;
Qu'il soit brûlé sur l'heure avec son âne. »
  Cruel prélat, Busiris en soutane,
C'était, perfide, un tour de ton métier;
Tu redoutais le bras de ce guerrier,
Tu t'entendais avec le saint-office
Pour opprimer, sous le nom de justice,
Quiconque eût pu lever le voile affreux
Dont tu cachais ton crime à tous les yeux.
  Tout aussitôt l'assassine cohorte,
Du saint-office abominable escorte,
Pour se saisir du superbe Dunois,
Deux pas avance et recule de trois,
Puis marche encor, puis se signe et s'arrête.

Sacrogorgon, qui tremblait à leur tête,
Leur crie : Allons, il faut vaincre ou périr!
De ce sorcier tâchons de nous saisir.
Au milieu d'eux les diacres de la ville,
Les sacristains arrivent à la file;
L'un tient un pot et l'autre un goupillon :
Ils font leur ronde, et de leur eau salée
Benoîtement aspergent l'assemblée.
On exorcise, on maudit le démon;
Et le prélat, toujours l'âme troublée,
Donne partout la bénédiction.
   Le grand Dunois, non sans émotion,
Voit qu'on le prend pour envoyé du diable :
Lors, saisissant de son bras redoutable
Sa grande épée, et de l'autre montrant
Un chapelet, catholique instrument,
De son salut cher et sacré garant :
Allons, dit-il, venez à moi, mon âne.
L'âne descend : Dunois monte, et soudain
Il va frappant, en moins d'un tour de main,
De ces croquans la cohorte profane;
Il perce à l'un le *sternum* et le bras;
Il atteint l'autre à l'os qu'on nomme atlas;
Qui voit tomber son nez et sa mâchoire,
Qui son oreille et qui son *humerus;*
Qui pour jamais s'en va dans la nuit noire,
Et qui s'enfuit disant ses *oremus.*
L'âne, au milieu du sang et du carnage,
Du paladin seconde le courage;
Il vole, il rue, il mord, il foule aux pieds
Ce tourbillon de faquins effrayés.
Sacrogorgon, abaissant sa visière,
Toujours jurant, s'en allait en arrière :
Dunois le joint, l'atteint à l'os *pubis;*

Le fer sanglant lui sort par le *coccis :*
Le vilain tombe, et le peuple s'écrie :
Béni soit Dieu! le barbare est sans vie.
Le scélérat encor se débattait
Sur la poussière et son cœur palpitait
Quand le héros lui dit : Ame traîtresse,
L'enfer t'attend ; crains le diable, et confesse
Que l'archevêque est un coquin mitré,
Un ravisseur, un parjure avéré ;
Que Dorothée est l'innocence même,
Qu'elle est fidèle au tendre amant qu'elle aime,
Et que tu n'es qu'un sot et qu'un fripon.
Oui, monseigneur, oui, vous avez raison ;
Je suis un sot ; la chose est par trop claire,
Et votre épée a prouvé cette affaire.
Il dit : son âme alla chez le démon.
Ainsi mourut le fier Sacrogorgon.
Dans l'instant même où ce bravache infâme
A Belzébuth rendait sa vilaine âme,
Devers la place arrive un écuyer
Portant salade avec lance dorée ;
Deux postillons à la jaune livrée
Allaient devant. C'était chose assurée
Qu'il arrivait quelque grand chevalier.
A cet objet, la belle Dorothée,
D'étonnement et d'amour transportée :
Ah ! Dieu puissant, se mit-elle à crier,
Serait-ce lui ? serait-il bien possible ?
A mes malheurs le ciel est trop sensible.
Les Milanais, peuple très-curieux,
Vers l'écuyer avaient tourné les yeux.
Eh ! cher lecteur, n'êtes-vous pas honteux
De ressembler à ce peuple volage.

Et d'occuper vos yeux et votre esprit
Du changement qui dans Milan se fit?
Est-ce donc là le but de mon ouvrage?
Songez, lecteur, aux remparts d'Orléans,
Au roi de France, aux cruels assiégeans,
A la Pucelle, à l'illustre amazone,
La vengeresse et du peuple et du trône,
Qui, sans jupon, sans pourpoint ni bonnet,
Parmi les champs comme un centaure allait,
Ayant en Dieu sa plus ferme espérance,
Comptant sur lui plus que sur sa vaillance,
Et s'adressant à monsieur saint Denis,
Qui cabalait alors en paradis
Contre saint George en faveur de la France.
   Surtout, lecteur, n'oubliez point Agnès:
Ayez l'esprit tout plein de ses attraits:
Tout honnête homme, à mon gré, doit s'y plaire;
Est-il quelqu'un si morne et si sévère
Que pour Agnès il soit sans intérêt?
   Et franchement, dites-moi, s'il vous plait,
Si Dorothée au feu fut condamnée,
Si le Seigneur du haut du firmament
Sauva le jour à cette infortunée;
Semblable cas advient très-rarement.
Mais que l'objet où votre cœur s'engage,
Pour qui vos pleurs ne peuvent s'essuyer,
Soit dans les bras d'un robuste aumônier,
Ou semble épris pour quelque jeune page,
Cet accident peut-être est plus commun:
Pour l'amener ne faut miracle aucun.
Je l'avoûrai, j'aime toute aventure
Qui tient de près à l'humaine nature;
Car je suis homme, et je me fais honneur

D'avoir ma part aux humaines faiblesses :
J'ai dans mon temps possédé des maîtresses
Et j'aime encore à retrouver mon cœur.

FIN DU CHANT VII.

CHANT VIII.

ARGUMENT.

Comment le charmant la Trimouille rencontra un Anglais à Notre-Dame de Lorette, et ce qui s'ensuivit avec sa Dorothée.

Que cette histoire est sage, intéressante !
Comme elle forme et *l'esprit et le cœur !*
Comme on y voit la vertu triomphante,
Des chevaliers le courage et l'honneur,
Les droits des rois, des belles la pudeur !
C'est un jardin dont tout le tour m'enchante
Par sa culture et sa variété.
J'y vois surtout l'aimable chasteté,
Des belles fleurs la fleur la plus brillante,
Comme un lis blanc que le ciel a planté,
Levant sans tache une tête éclatante.
Filles, garçons, lisez assidûment
De la vertu ce divin rudiment :
Il fut écrit par notre abbé Tritême,

Savant Picard, de son siècle ornement:
Il prit Agnès et Jeanne pour son thême.
Que je l'admire et que je me sais gré
D'avoir toujours hautement préféré
Cette lecture honnête et profitable
A ce fatras d'insipides romans
Que je vois naître et mourir tous les ans,
De cerveaux creux, avortons languissans!
De Jeanne d'Arc l'histoire véritable
Triomphera de l'envie et du temps.
Le vrai me plaît, le vrai seul est durable.
De Jeanne d'Arc cependant, cher lecteur,
En ce moment je ne puis rendre compte;
Car Dorothée, et Dunois, son vengeur,
Et la Trimouille, objet de son ardeur,
Ont de grands droits, et j'avoûrai sans honte
Qu'avec raison vous vouliez être instruit
Des beaux effets que leur amour produit.
Près d'Orléans vous avez souvenance
Que la Trimouille, ornement du Poitou,
Pour son bon roi signalant sa vaillance,
Dans un fossé fut plongé jusqu'au cou:
Ses écuyers tirèrent avec peine
Du sale fond de la fangeuse arène
Notre héros, en cent endroits froissé,
Un bras démis, le coude fracassé.
Vers les remparts de la ville assiégée
On reportait sa figure affligée:
Mais de Talbot les efforts vigilans
Avaient fermé les chemins d'Orléans;
On transporta, de crainte de surprise,
Mon paladin, par de secrets détours,
Sur un brancard, en la cité de Tours,
Cité fidèle, au roi Charles soumise.

Un charlatan, arrivé de Venise,
Adroitement remit son *radius*,
Dont le pivot rejoignit l'*humérus*.
Son écuyer lui fit bientôt connaître
Qu'il ne pouvait retourner vers son maître;
Que les chemins étaient fermés pour lui.
Le chevalier, fidèle à sa tendresse,
Se résolut, dans son cuisant ennui,
D'aller au moins rejoindre sa maîtresse.
Il courut donc, à travers cent hasards,
Au beau pays conquis par les Lombards.
En arrivant aux portes de la ville,
Le Poitevin est entouré, heurté,
Pressé des flots d'une foule imbécille,
Qui, d'un pas lourd et d'un œil hébété,
Court à Milan des campagnes voisines;
Bourgeois, manans, moines, bénédictines,
Mères, enfans : c'est un bruit, un concours,
Un chamaillis; chacun se précipite;
On tombe, on crie : Arrivons, entrons vite;
Nous n'aurons pas tels plaisirs tous les jours.
Le paladin sut bientôt quelle fête
Allait chômer ce bon peuple lombard
Et quel spectacle à ses yeux on apprête.
Ma Dorothée! ô ciel! Il dit, et part;
Et son coursier, s'élançant sur la tête
Des curieux, le porte en quatre bonds
Dans les faubourgs, à la ville, à la place
Où du bâtard la généreuse audace
A dissipé tous ces monstres félons,
Où Dorothée, interdite, éperdue,
Osait à peine encor lever la vue.
L'abbé Tritême, avec tout son talent,
N'eût pu jamais nous faire la peinture

De la surprise et du saisissement;
Et des transports dont cette âme si pure
Fut pénétrée en voyant son amant.
Quel coloris, quel pinceau pourrait rendre
Ce doux mélange et si vif et si tendre,
L'impression d'un reste de douleur,
La douce joie où se livrait son cœur,
Son embarras, sa pudeur, et sa honte,
Que par degrés la tendresse surmonte?
Son la Trimouille, ardent, ivre d'amour,
Entre ses bras la tient long-temps serrée,
Faible, attendrie, encor tout éplorée;
Il embrassait, il baisait tour à tour
Le grand Dunois, et sa maîtresse et l'âne.
Tout le beau sexe, aux fenêtres penché,
Battait des mains, de tendresse touché;
On voyait fuir tous les gens à soutane
Sur les débris du bûcher renversé,
Qui dans le sang nage au loin dispersé.
Sur ces débris le bâtard intrépide,
De Dorothée affermissant les pas,
A l'air, le port et le maintien d'Alcide,
Qui, sous ses pieds enchaînant le trépas,
Le triple chien, et la triple Euménide,
Remit Alceste à son dolent époux,
Quoiqu'en secret il fût un peu jaloux.
Avec honneur la belle Dorothée
Fut en litière à son logis portée,
Des deux héros noblement escortée.
Le lendemain, le bâtard généreux
Vint près du lit du beau couple amoureux:
Je sens, dit-il, que je suis inutile
Aux doux plaisirs que vous goûtez tous deux:
Il me convient de sortir de la ville;

Jeanne et mon roi me rappellent près d'eux;
Il faut les joindre, et je sens trop que Jeanne
Doit regretter la perte de son âne.
Le grand Denis, le patron de nos lois,
M'a cette nuit présenté sa figure,
J'ai vu Denis tout comme je vous vois;
Il me prêta sa divine monture
Pour secourir les dames et les rois:
Denis m'enjoint de revoir ma patrie.
Grâces au ciel, Dorothée est servie;
Je dois servir Charles sept à son tour.
Goûtez les fruits de votre tendre amour.
A mon bon roi je dois donner ma vie:
Le temps me presse, et mon âne m'attend.
  Sur mon cheval je vous suis à l'instant,
Lui répliqua l'aimable la Trimouille.
La belle dit: C'est aussi mon projet;
Un désir vif dès long-temps me chatouille
De contempler la cour de Charles sept,
Sa cour si belle, en héros si féconde,
Sa tendre Agnès, qui gouverne son cœur,
Sa fière Jeanne, en qui valeur abonde:
Mon cher amant, mon cher libérateur,
Me conduiraient jusques au bout du monde.
Mais, sur le point d'être cuite en ce lieu,
En récitant ma prière secrète,
Je fis tout bas à la Vierge un beau vœu
De visiter sa maison de Lorette,
S'il lui plaisait de me tirer du feu:
Tout aussitôt la mère du bon Dieu
Vous députa sur votre âne céleste;
Vous me sauvez de ce bûcher funeste;
Je vis par vous: mon vœu doit se tenir,
Sans quoi la Vierge a droit de me punir.

Votre discours est très-juste et très-sage,
Dit la Trimouille; et ce pèlerinage
Est à mes yeux un devoir bien sacré:
Vous permettrez que je sois du voyage:
J'aime Lorette, et je vous conduirai.
Allez, Dunois, par la plaine étoilée,
Fendez les airs, volez aux champs de Blois;
Nous vous joindrons avant qu'il soit un mois.
Et vous, madame, à Lorette appelée,
Venez remplir votre vœu si pieux:
Moi j'en fais un digne de vos beaux yeux;
C'est de prouver à toute heure, en tous lieux;
A tout venant, par l'épée et la lance,
Que vous devez avoir la préférence
Sur toute fille ou femme de renom,
Que nulle n'est et si sage et si belle.
Elle rougit. Cependant le grison
Frappe du pied, s'élève sur son aile,
Plane dans l'air, et, laissant l'horizon,
Porte Dunois vers les sources du Rhône.
Le Poitevin prend le chemin d'Ancône
Avec sa dame, un bourdon dans la main,
Portant tous deux chapeau de pèlerin
Bien relevé de coquilles bénies;
A leur ceinture un rosaire pendait
De beaux grains d'or et de perles unies:
Le Paladin souvent le récitait.
Disait: *Ave;* la belle répondait
Par des soupirs et par des litanies,
Et *Je vous aime* était le doux refrain
Des *Oremus* qu'ils chantaient en chemin.
Ils vont à Parme, à Plaisance, à Modène,
Dans Urbino, dans la tour de Césène,
Toujours logés dans de très-beaux châteaux

De princes, ducs, comtes et cardinaux.
Le paladin eut partout l'avantage
De soutenir que dans le monde entier
Il n'est beauté plus aimable et plus sage
Que Dorothée ; et nul n'osa nier
Ce qu'avançait un si grand personnage :
Tant les seigneurs de tout ce beau canton
Avaient d'égards et de discrétion !
  Enfin, portés sur les bords du Musône
Près Ricanate, en la Marche d'Ancône,
Les pélerins virent briller de loin
Cette maison de la sainte Madône,
Ces murs divins de qui le ciel prend soin ;
Murs convoités des avides corsaires,
Et qu'autrefois des anges tutélaires
Firent voler dans les plaines des airs
Comme un vaisseau qui fend le sein des mers :
A *Loretto* les anges s'arrêtèrent ;
Les murs sacrés d'eux-mêmes se fondèrent ;
Et ce que l'art a de plus précieux,
De plus brillant, de plus industrieux,
Fut employé depuis par les saints pères,
Maîtres du monde, et du ciel grands-vicaires,
A l'ornement de ces augustes lieux.
Les deux amans de cheval descendirent,
D'un cœur contrit à deux genoux se mirent ;
Puis chacun d'eux, pour accomplir son vœu,
Offrit des dons pleins de magnificence,
Tous acceptés avec reconnaissance
Par la Madône et les moines du lieu.
  Au cabaret les deux amans dînèrent :
Et ce fut là qu'à table ils rencontrèrent
Un brave Anglais, fier, dur, et sans souci,
Qui venait voir la sainte Vierge aussi.

Par passe-temps, se moquant dans son âme,
Et de Lorette et de sa Notre-Dame;
Parfait Anglais voyageant sans dessein,
Achetant cher de modernes antiques,
Regardant tout avec un air hautain,
Et méprisant les saints et leurs reliques:
De tout Français c'est l'ennemi mortel;
Et son nom est Christophe d'Arondel.
Il parcourait tristement l'Italie:
Et, se sentant fort sujet à l'ennui,
Il amenait sa maîtresse avec lui,
Plus dédaigneuse encor, plus impolie,
Parlant fort peu, mais belle, faite au tour,
Douce la nuit, insolente le jour,
A table, au lit, par caprice emportée,
Et le contraire en tout de Dorothée.
Le beau baron, du Poitou l'ornement,
Lui fit d'abord un petit compliment,
Sans recevoir aucune repartie,
Puis il parla de la Vierge Marie;
Puis il conta comme il avait promis,
Chez les Lombards, à monsieur saint Denis
De soutenir en tout lieu la sagesse
Et la beauté de sa chère maîtresse.
Je crois, dit-il au dédaigneux Breton,
Que votre dame est noble et d'un grand nom;
Qu'elle est surtout aussi sage que belle;
Je crois encor, quoiqu'elle n'ait rien dit,
Que, dans le fond, elle a beaucoup d'esprit:
Mais Dorothée est fort au-dessus d'elle;
Vous l'avoûrez. on peut, sans l'abaisser,
Au second rang dignement la placer.
Le fier Anglais, à ce discours honnête,
Le regarda des pieds jusqu'à la tête;

Pardieu, dit-il, il m'importe fort peu
Que vous ayez à Denis fait un vœu,
Et peu me chaut que votre damoiselle
Soit sage ou folle, et soit ou laide ou belle;
Chacun se doit contenter de son bien
Tout uniment, sans se vanter de rien:
Mais, puisqu'ici vous avez l'impudence
D'oser prétendre à quelque préférence
Sur un Anglais, je vous enseignerai
Votre devoir, et je vous prouverai
Que tout Anglais, en affaires pareilles,
A tout Français donne sur les oreilles;
Que ma maîtresse, en figure, en couleur,
En gorge, en bras, cuisses, taille, rondeur,
Même en sagesse, en sentimens d'honneur
Vaut cent fois mieux que votre pélerine;
Et que mon roi (dont je fais peu de cas),
Quand il voudra, saura bien mettre à bas
Et votre maître et sa grosse héroïne.
Eh bien! reprit le noble Poitevin,
Sortons de table, éprouvons-nous soudain;
A vos dépens je soutiendrai peut-être
Mon tendre amour, mon pays et mon maître.
Mais, comme il faut être toujours courtois,
De deux combats je vous laisse le choix,
Soit à cheval, soit à pied, l'un et l'autre
Me sont égaux: mon choix suivra le vôtre.
A pied, mordieu! dit le rude Breton;
Je n'aime point qu'un cheval ait la gloire
De partager ma peine et ma victoire:
Point de cuirasse, et point de morion;
C'est, à mon sens, une arme de poltron;
Il fait trop chaud, j'aime à combattre à l'aise;
Je veux tout nu vous soutenir ma thèse:

Nos deux beautés jugeront mieux des coups.
Très-volontiers, dit d'un ton noble et doux
Le beau Français. Sa chère Dorothée
Frémit de crainte à ce défi cruel,
Quoiqu'en secret son âme fût flattée
D'être l'objet d'un si noble duel :
Elle tremblait que Christophe Arondel
Ne transperçât de quelque coup mortel
La douce peau de son cher la Trimouille,
Que de ses pleurs tendrement elle mouille.
La dame anglaise animait son Anglais
D'un coup-d'œil fier et sûr de ses attraits :
Elle n'avait jamais versé de larmes;
Son cœur altier se plaisait aux alarmes;
Et les combats des coqs de son pays
Avaient été ses passe-temps chéris.
Son nom était Judith de Rosamore,
Cher à Bristol, et que Cambridge honore.
Voilà déjà nos braves paladins
Dans un champ clos, près d'en venir aux mains :
Tous deux charmés, dans leurs nobles querelles,
De soutenir leur patrie et leurs belles;
La tête haute, et le fer de droit fil,
Le bras tendu, le corps en son profil,
En tiercé, en quarte, ils joignent leurs épées,
L'une par l'autre à tout moment frappées :
C'est un plaisir de les voir se baisser,
Se relever, reculer, avancer,
Parer, sauter, se ménager des feintes,
Et se porter les plus rudes atteintes.
Ainsi l'on voit, dans une belle nuit,
Sous le lion ou sous la canicule,
Tout l'horizon qui s'enflamme et qui brûle
De mille feux dont notre œil s'éblouit;

Un éclair passe, un autre éclair le suit.
Le Poitevin adresse une apostrophe
Droit au menton du superbe Christophe,
Puis en arrière il saute allègrement,
Toujours en garde; et Christophe à l'instant
Engage en tierce en serrant la mesure,
Au ferrailleur inflige une blessure
Sur une cuisse; et de sang empourpré
Ce bel ivoire est teint et bigarré.
Ils s'acharnaient à cette noble escrime,
Voulant mourir pour jouir de l'estime
De leur maîtresse, et pour bien décider
Quelle beauté doit à l'autre céder;
Lorsqu'un bandit des États du saint père
Avec sa troupe entra dans ces cantons
Pour s'acquitter de ses dévotions.
Le scélérat se nommait Martinguerre,
Voleur de jour, voleur de nuit, corsaire,
Mais saintement à la Vierge attaché,
Et sans manquer récitant son rosaire,
Pour être pur et net de tout péché.
Il aperçut sur le pré les deux belles,
Et leurs chevaux, et leurs brillantes selles,
Et leurs mulets chargés d'or et d'*agnus*.
Dès qu'il les vit, on ne les revit plus.
Il vous enlève et Judith Rosamore,
Et Dorothée, et le bagage encore,
Mulets, chevaux, et part comme un éclair.
Les champions tenaient toujours en l'air
A poing fermé leurs brandissantes lames,
Et ferraillaient pour l'honneur de ces dames.
Le Poitevin s'avise le premier
Que sa maîtresse est comme disparue:
Il voit de loin courir son écuyer;

Il s'ébahit, et son arme pointue
Reste en sa main sans force et sans effet.
Sir Aroudel demeure stupéfait.
Tous deux restaient, la prunelle effarée,
Bouche béante, et la mine égarée,
L'un contre l'autre. Oh! oh! dit le Breton,
Dieu me pardonne, on nous a pris nos belles.
Nous nous donnons cent coups d'estramaçon
Très-sottement; courons vite après elles,
Reprenons-les, et nous nous rebattrons
Pour leurs beaux yeux, quand nous les trouverons.
L'autre en convient; et, différant la fête,
En bons amis, ils se mettent en quête
De leur maîtresse. A peine ils font cent pas
Que l'un s'écrie: Ah, la cuisse! ah, le bras!
L'autre criait: La poitrine! et la tête!
Et n'ayant plus ces esprits animaux
Qui vont au cœur et qui font les héros,
Ayant perdu cette ardeur enflammée
Avec leur sang au combat consumée,
Tous deux meurtris, faibles et languissans,
Sur le gazon tombent en même temps,
Et de leur sang ils rougissent la terre.
Leurs écuyers, qui suivaient Martinguerre,
Vont à sa piste, et gagnent le pays.
Les deux héros, sans valets, sans habits,
Et sans argent, étendus dans la plaine,
Manquant de tout, croyaient leur fin prochaine,
Lorsqu'une vieille, en passant vers ces lieux,
Les voyant nus, s'approcha plus près d'eux,
En eut pitié, les fit sur des civières
Porter chez elle, et, par des restaurans,
En moins de rien leur rendit tous leurs sens,
Leur coloris et leurs forces premières.

La bonne vieille, en ce lieu respecté,
Est en odeur qu'on dit de sainteté;
Devers Ancône il n'est point de béate,
Point d'âme sainte en qui la grâce éclate
Par des bienfaits plus signalés, plus grands:
Elle prédit la pluie et le beau temps;
Elle guérit les blessures légères
Avec de l'huile et de saintes prières:
Elle a parfois converti des méchans.
Les paladins à la vieille contèrent
Leur aventure, et conseil demandèrent.
La décrépite alors se recueillit,
Pria Marie, ouvrit la bouche, et dit:
Allez en paix, aimez tous deux vos belles,
Mais que ce soit à bonne intention,
Et gardez-vous de vous tuer pour elles.
Les doux objets de votre affection
Sont maintenant à des épreuves rudes;
Je plains leurs maux et vos sollicitudes.
Habillez-vous; prenez des chevaux frais;
Ne manquez pas le chemin qu'il faut prendre:
Le ciel par moi daigne ici vous apprendre,
Pour les trouver, qu'il faut courir après.
Le Poitevin admira l'énergie
De ce discours, et le Breton pensif
Lui dit: Je crois à votre prophétie:
Nous poursuivrons le voleur fugitif,
Quand nous aurons retrouvé des montures,
Et des pourpoints, et surtout des armures.
La vieille dit: On vous en fournira.
Un circoncis par bonheur était là,
Enfant barbu d'Isâc et de Juda,
Dont la belle âme, à servir empressée,
Faisait fleurir la gent déprépucée.

Le digne Hébreu leur prêta galamment
Deux mille écus à quarante pour cent,
Selon les us de la race bénite,
En Canaan par Moïse conduite ;
Et le profit que le Juif s'arrogea
Entre la sainte et lui se partagea.

FIN DU CHANT VIII.

CHANT IX.

ARGUMENT.

Comment la Trimouille et sir Arondel retrouvèrent leurs maîtresses en Provence ; et du cas étrange advenu dans la Sainte-Baume.

Deux chevaliers qui se sont bien battus,
Soit à cheval, soit à la noble escrime,
Avec le sabre ou de longs fers pointus,
De pied en cap tout couverts ou tout nus,
Ont l'un pour l'autre une secrète estime,
Et chacun d'eux exalte les vertus
Et les grands coups de son digne adversaire,
Lorsque surtout il n'est plus en colère ;
Mais s'il advient après ce beau conflit,
Quelque accident, quelque triste fortune,

Quelque misère à tous les deux commune,
Incontinent le malheur les unit :
L'amitié naît de leurs destins contraires,
Et deux héros persécutés sont frères.
C'est ce qu'on vit dans le cas si cruel
De la Trimouille et du triste Arondel.
Cet Arondel reçut de la nature
Une âme altière, indifférente et dure;
Mais il sentit ses entrailles d'airain
Se ramollir pour le doux Poitevin :
Et la Trimouille, en se laissant surprendre
A ces beaux nœuds qui forment l'amitié,
Suivit son goût; car son cœur est né tendre.
Que je me sens, dit-il, fortifié,
Mon cher ami, par votre courtoisie!
Ma Dorothée, hélas! me fut ravie;
Vous m'aiderez au milieu des combats,
A retrouver la trace de ses pas,
A délivrer ce que mon cœur adore;
J'affronterai les plus cruels trépas
Pour vous nantir de votre Rosamore.
Les deux amans, les deux nouveaux amis,
Partent ensemble, et, sur un faux avis,
Marchent en hâte, et tirent vers Livourne.
Le ravisseur d'un autre côté tourne
Par un chemin justement opposé.
Tandis qu'ainsi le couple se fourvoie,
Au scélérat rien ne fut plus aisé
Que d'enlever sa noble et riche proie.
Il la conduit bientôt en sûreté
Dans un château des chemins écarté,
Près de la mer, entre Rome et Gayette;
Masure affreuse, exécrable retraite,
Où l'insolence et la rapacité,

La gourmandise et la malpropreté,
L'emportement de l'ivresse bruyante,
Les démêlés, les combats qu'elle enfante,
La dégoûtante et sale impureté,
Qui de l'amour éteint les tendres flammes,
Tous les excès des plus vilaines âmes
Font voir à l'œil ce qu'est le genre humain,
Lorsqu'à lui-même il est livré sans frein.
Du créateur image si parfaite,
Or voilà donc comme vous êtes faite!
En arrivant, le corsaire effronté
Se met à table, et fait placer les belles,
Sans compliment, chacune à son côté,
Mange, dévore, et boit à leur santé.
Puis il leur dit: Voyez, mesdemoiselles,
Qui de vous deux couche avec moi la nuit.
Tout m'est égal, tout m'est bon, tout me duit;
Poil blond, poil noir, Anglaise, Italienne,
Petite ou grande, infidèle ou chrétienne,
Il ne m'importe; et buvons. A ces mots,
La rougeur monte à l'aimable visage
De Dorothée : elle éclate en sanglots;
Sur ses beaux yeux il se forme un nuage
Qui tombe en pleurs sur ce nez fait au tour,
Sur ce menton où l'on dit que l'Amour
Lui fit un creux, la caressant un jour;
Dans la tristesse elle est ensevelie.
Judith l'Anglaise, un moment recueillie,
Et regardant le corsaire inhumain,
D'un air de tête et d'un souris hautain :
Je veux, dit-elle, avoir ici la joie
Sur le minuit de me voir votre proie;
Et l'on saura ce qu'avec un bandit
Peut une Anglaise alors qu'elle est au lit.

A ce propos, le brave Martinguerre
D'un gros baiser la barbouille et lui dit :
J'aimai toujours les filles d'Angleterre.
Il la rebaise ; et puis vide un grand verre,
En vide un autre, et mange, et boit, et rit,
Et chante, et jure, et sa main effrontée,
Sans nul égard se porte impudemment
Sur Rosamore, et puis sur Dorothée.
Celle-ci pleure, et l'autre fièrement,
Sans s'émouvoir, sans changer de visage,
Laisse tout faire au rude personnage.
Enfin de table il sort en bégayant,
Le pied mal sûr, mais l'œil étincelant,
Avertissant, d'un geste de corsaire,
Qu'on soit fidèle aux marchés convenus ;
Et, rayonnant des présens de Bacchus,
Il se prépare aux combats de Cythère.
La Milanaise, avec des yeux confus,
Dit à l'Anglaise : Oserez-vous, ma chère,
Du scélérat consommer le désir ?
Mérite-t-il qu'une beauté si fière
S'abaisse au point de donner du plaisir ?
Je prétends bien lui donner autre chose,
Dit Rosamore ; on verra ce que j'ose :
Je sais venger ma gloire et mes appas ;
Je suis fidèle au chevalier que j'aime :
Sachez que Dieu, par sa bonté suprême,
M'a fait présent de deux robustes bras,
Et que Judith est mon nom de baptême :
Daignez m'attendre en cet indigne lieu :
Laissez-moi faire ; et surtout priez Dieu.
Puis elle part, et va la tête haute
Se mettre au lit à côté de son hôte.
La nuit couvrait d'un voile ténébreux

Les toits pourris de ce repaire affreux.
Des malandrins la grossière cohue
Cuvait son vin, dans la grange étendue;
Et Dorothée, en ces momens d'horreur,
Demeurait seule et se mourait de peur.
Le boucanier, dans la grosse partie
Par où l'on pense, était tout offusqué
De la vapeur des raisins d'Italie.
Moins à l'amour qu'au sommeil provoqué,
Il va pressant d'une main engourdie
Les fiers appas dont son cœur est piqué:
Et la Judith, prodiguant ses tendresses,
L'enveloppait, par de fausses caresses,
Dans les filets que lui tendait la mort.
Le dissolu, lassé d'un tel effort,
Bâille un moment, tourne la tête, et dort.
A son chevet pendait le cimeterre
Qui fit long-temps redouter Martinguerre.
Notre Bretonne aussitôt le tira,
En invoquant Judith et Débora,
Jahel, Aod, et Simon nommé Pierre,
Simon Barjône, aux oreilles fatal,
Qu'à surpasser l'héroïne s'apprête;
Puis, empoignant les crins de l'animal
De sa main gauche, et soulevant la tête,
La tête lourde et le front engourdi
Du mécréant qui roufle appesanti,
Elle s'ajuste, et sa droite élevée
Tranche le cou du brave débauché.
De sang, de vin la couche est abreuvée;
Le large tronc de son chef détaché
Rougit le front de la noble héroïne
Par trente jets de liqueur purpurine.
Notre amazone alors saute du lit,

Portant en main cette tête sanglante,
Et va trouver sa compagne tremblante,
Qui dans ses bras tombe et s'évanouit;
Puis reprenant ses sens et son esprit :
Ah! juste Dieu, quelle femme vous êtes!
Quelle action! quel coup! et quel danger!
Où fuirons-nous? Si sur ces entrefaites
Quelqu'un s'éveille, on va nous égorger.
Parlez plus bas, répliqua Rosamore,
Ma mission n'est pas finie encore;
Prenez courage et marchez avec moi.
L'autre reprit courage avec effroi.
Leurs deux amans, errans toujours loin d'elles,
Couraient partout sans avoir rien trouvé.
A Gêne enfin l'un et l'autre arrivé,
Ayant par terre en vain cherché leurs belles,
S'en vont par mer, à la merci des flots,
Des deux objets qui troublent leur repos
Aux quatre vents demander des nouvelles.
Ces quatre vents les portent tour à tour,
Tantôt aux bords de cet heureux séjour
Où des chrétiens le père apostolique
Tient humblement les clefs du paradis :
Tantôt au fond du golfe Adriatique,
Où le vieux doge est l'époux de Thétis;
Puis devers Naple, au rivage fertile
Où Sannazar est trop près de Virgile :
Ces dieux mutins, prompts, ailés et joufflus,
Qui ne sont plus les enfans d'Orithye,
Sur le dos bleu des flots qu'ils ont émus
Les font voguer à ces gouffres connus,
Où l'onde amère, autrefois engloutie
Par la Charybde, aujourd'hui ne l'est plus;
Où de nos jours on ne peut plus entendre

Les hurlemens des dogues de Scylla;
Où les géans, écrasés sous l'Etna,
Ne jettent plus la flamme avec la cendre :
Tant l'univers avec le temps changea!
Le couple errant, non loin de Syracuse,
Va saluer la fontaine Aréthuse,
Qui dans son sein tout couvert de roseaux
De son amant ne reçoit plus les eaux.
Ils ont bientôt découvert le rivage
Où florissaient Augustin et Carthage;
Séjour affreux, dans nos jours infecté
Par les fureurs et la rapacité
Des musulmans, enfans de l'ignorance.
Enfin le ciel conduit nos chevaliers
Aux doux climats de la belle Provence.
  Là, sur des bords couronnés d'oliviers,
On voit les tours de Marseille l'antique,
Beau monument d'un vieux peuple ionique.
Noble cité, grecque, et libre autrefois,
Tu n'as plus rien de ce double avantage :
Il est plus beau de servir sous nos rois;
C'est, comme on sait, un bien heureux partage :
Mais tes confins possèdent un trésor
Plus merveilleux, plus salutaire encor.
Chacun connaît la belle Madeleine,
Qui, de son temps, ayant servi l'Amour,
Servit le ciel, étant sur le retour,
Et qui pleura sa vanité mondaine.
Elle partit des rives du Jourdain
Pour s'en aller au pays de Provence,
Et se fessa long-temps, par pénitence,
Au fond d'un creux du roc de Maximin.
Depuis ce temps un baume tout divin
Parfume l'air qu'en ces lieux on respire.

Plus d'une fille, et plus d'un pélerin,
Grimpe au rocher pour abjurer l'empire
Du dieu d'amour, qu'on nomme esprit malin.
  On tient qu'un jour la pénitente juive,
Prête à mourir, requit une faveur
De Maximin, son pieux directeur :
Obtenez-moi, si jamais il arrive
Que sur mon roc une paire d'amans
En rendez-vous viennent passer leur temps,
Leurs feux impurs dans tous les deux s'éteignent,
Qu'au même instant ils s'évitent, se craignent,
Et qu'une forte et vive aversion
Soit de leurs cœurs la seule passion.
Ainsi parla la sainte aventurière.
Son confesseur exauça sa prière.
Depuis ce temps, ces lieux sanctifiés
Vous font haïr les gens que vous aimiez.
  Les paladins, ayant bien vu Marseille,
Son port, sa rade, et toutes les merveilles
Dont les bourgeois rebattaient leurs oreilles,
Furent requis de visiter le roc,
Ce roc fameux, surnommé Sainte-Baume,
Tant célébré chez la gent porte-froc,
Et dont l'odeur parfumait le royaume :
Le beau Français y va par piété,
Le fier Anglais par curiosité.
En gravissant, ils virent près du dôme,
Sur les degrés dans ce roc pratiqués,
Des voyageurs à prier appliqués.
Dans cette troupe étaient deux voyageuses,
L'une à genoux, mains jointes, cou tendu ;
L'autre debout et des plus dédaigneuses.
  O doux objets! moment inattendu!
Ils ont tous deux reconnu leurs maîtresses !

Les voilà donc, pécheurs et pécheresses,
Dans ce parvis si funeste aux amours.
En peu de mots l'Anglaise leur raconte
Comment son bras, par le divin secours,
Sur Martinguerre a su venger sa honte :
Elle eut le soin, dans ce péril urgent,
De se saisir d'une bourse assez ronde
Qu'avait le mort, attendu que l'argent
Est inutile aux gens de l'autre monde;
Puis, franchissant dans l'horreur de la nuit,
Les murs mal clos de cet affreux réduit,
Le sabre au poing, vers la prochaine rive
Elle a conduit sa compagne craintive;
Elle a monté sur un léger esquif,
Et, réveillant matelots, capitaine,
En bien payant le couple fugitif
A navigué sur la mer de Tyrrène.
Enfin des vents le sort capricieux,
Ou bien le ciel qui fait tout pour le mieux,
Les met tous quatre aux pieds de Madeleine.
O grand miracle! ô vertu souveraine!
A chaque mot que prononçait Judith,
De son amant le grand cœur s'affadit;
Ciel! quel dégoût, et bientôt quelle haine,
Succède aux traits du plus charmant amour.
Il est payé d'un semblable retour.
Ce la Trimouille, à qui sa Dorothée
Parut long-temps plus belle que le jour,
La trouve laide, imbécille, affectée,
Gauche, maussade, et lui tourne le dos:
La belle en lui voyait le roi des sots,
Le détestait et détournait la vue;
Et Madeleine, au milieu d'une nue,
Goûtait en paix la satisfaction

D'avoir produit cette conversion.
Mais Madeleine, hélas! fut bien déçue;
Car elle obtint des saints du paradis
Que tout amant venu dans son logis
N'aimerait plus l'objet de ses faiblesses
Tant qu'il serait dans ces rochers bénis;
Mais dans ses vœux la sainte avait omis
De stipuler que les amans guéris
Ne prendraient pas de nouvelles maîtresses:
Saint Maximin ne prévit point le cas;
Dont il advint que l'Anglaise infidèle
Au Poitevin tendit ses deux beaux bras,
Et qu'Arondel jouit des doux appas
De Dorothée, et fut enchanté d'elle.
L'abbé Tritème a même prétendu
Que Madeleine à ce troc imprévu,
Du haut du ciel s'était mise à sourire.
On peut le croire et la justifier:
La vertu plaît; mais, malgré son empire,
On a du goût pour son premier métier.
Il arriva que les quatre parties
De Sainte-Baume à peine étaient sorties,
Que le miracle alors n'opéra plus;
Il n'a d'effet que dans l'auguste enceinte,
Et dans le creux de cette roche sainte:
Au bas du mont la Trimouille, confus
D'avoir haï quelque temps Dorothée,
Rendant justice à ses touchans attraits,
La retrouva plus tendre que jamais:
Plus que jamais elle s'en vit fêtée;
Et Dorothée, en proie à sa douleur,
Par son amour expia son erreur
Entre les bras du héros qu'elle adore.
Sir Arondel reprit sa Rosamore,

Dont le courroux fut bientôt désarmé;
Chacun aima comme il avait aimé:
Et je puis dire encor que Madeleine,
En les voyant, leur pardonna sans peine.
  Le dur Anglais, l'aimable Poitevin,
Ayant chacun leur héroïne en croupe,
Vers Orléans prirent le droit chemin,
Tous deux brûlant de rejoindre leur troupe,
Et de venger l'honneur de leur pays.
Discrets amans, généreux ennemis,
Ils voyageaient comme de vrais amis,
Sans désormais se faire de querelles,
Ni pour leurs rois, ni même pour leurs belles.

FIN DU CHANT IX.

CHANT X.

ARGUMENT.

Agnès Sorel, poursuivie par l'aumônier de Jean Chandos. Regret de son amant, etc. Ce qui advint à la belle Agnès dans un couvent.

  Eh quoi! toujours clouer une préface
A tous mes chants! La morale me lasse:
Un simple fait conté naïvement,
Ne contenant que la vérité pure,

Narré succinct, sans frivole ornement,
Point trop d'esprit, aucun raffinement,
Voilà de quoi désarmer la censure.
Allons au fait, lecteur, tout rondement,
C'est mon avis : tableau d'après nature,
S'il est bien fait, n'a besoin de bordure.
  Le bon roi Charle, allant vers Orléans,
Enflait le cœur de ses fiers combattans,
Les remplissait de joie et d'espérance,
Et relevait le destin de la France :
Il ne parlait que d'aller aux combats;
Il étalait une fière allégresse ;
Mais en secret il soupirait tout bas,
Car il était absent de sa maîtresse.
L'avoir laissée, avoir pu seulement
De son Agnès s'écarter un moment,
C'était un trait d'une vertu suprême,
C'était quitter la moitié de soi-même.
  Lorsqu'il se fut au logis renfermé,
Et qu'en son cœur il eut un peu calmé
L'emportement du démon de la gloire,
L'autre démon qui préside à l'amour
Vint à ses sens s'expliquer à son tour :
Il plaidait mieux, il gagna la victoire.
D'un air distrait le bon prince écouta
Tous les propos dont on le tourmenta ;
Puis en sa chambre en secret il alla,
Où, d'un cœur triste, et d'une main tremblante,
Il écrivit une lettre touchante
Que de ses pleurs tendrement il mouilla ;
Pour les sécher Bonneau n'était pas là.
Certain butor, gentilhomme ordinaire,
Fut dépêché, chargé du doux billet.
Une heure après, ô douleur trop amère !

Notre courrier rapporte le poulet.
Le roi, saisi d'une crainte mortelle,
Lui dit : Hélas! pourquoi donc reviens-tu?
Quoi! mon billet?... Sire, tout est perdu,
Sire, armez-vous de force et de vertu.
Les Anglais... Sire... ah! tout est confondu!
Sire... Ils ont pris Agnès et la Pucelle!
  A ce propos, dit sans ménagement,
Le roi tomba, perdit tout sentiment,
Et de ses sens il ne reprit l'usage
Que pour sentir l'excès de son tourment.
Contre un tel coup quiconque a du courage
N'est pas sans doute un véritable amant :
Le roi l'était; un tel événement
Le transperçait de douleur et de rage.
Les chevaliers perdirent tous leurs soins
A l'arracher à sa douleur cruelle :
Charles fut près d'en perdre la cervelle;
Son père, hélas! devint fou pour bien moins.
Ah! cria-t-il, que l'on m'enlève Jeanne,
Mes chevaliers, tous mes gens à soutane,
Mon directeur, et le peu de pays
Que m'ont laissé mes destins ennemis!
Cruels Anglais, ôtez-moi plus encore;
Mais laissez-moi ce que mon cœur adore.
  Amour! Agnès! monarque malheureux!
Que fais-je ici m'arrachant les cheveux?
Je l'ai perdue, il faudra que j'en meure :
Je l'ai perdue; et, pendant que je pleure,
Peut-être, hélas! quelque insolent Anglais
A son plaisir subjugue ses attraits,
Nés seulement pour des baisers français :
Une autre bouche à tes lèvres charmantes
Pourrait ravir ces faveurs si touchantes!

Une autre main caresser tes beautés!
Un autre... ô ciel! que de calamités!
Et qui sait même, en ce moment terrible,
A leurs plaisirs si tu n'es pas sensible?
Qui sait, hélas! si ton tempérament
Ne trahit pas ton malheureux amant?
Le triste roi, de cette incertitude
Ne pouvant plus souffrir l'inquiétude,
Va sur ce cas consulter les docteurs,
Nécromanciens, devins, sorboniqueurs,
Juifs, jacobins, quiconque savait lire.
  Messieurs, dit-il, il convient de me dire
Si mon Agnès est fidèle à sa foi,
Si pour moi seul sa belle âme soupire:
Gardez-vous bien de tromper votre roi:
Dites-moi tout; de tout il faut m'instruire.
Eux, bien payés, consultèrent soudain
En grec, hébreu, syriaque, latin:
L'un du roi Charle examine la main;
L'autre en carré dessine une figure;
Un autre observe et Vénus et Mercure;
Un autre va, son psautier parcourant,
Disant *amen*, et tout bas murmurant:
Cet autre-ci regarde au fond d'un verre,
Et celui-là fait des cercles à terre:
Car c'est ainsi que, dans l'antiquité,
On a toujours cherché la vérité.
Aux yeux du prince ils travaillent, ils suent;
Puis, louant Dieu, tous ensemble ils concluent
Que ce grand roi peut dormir en repos,
Qu'il est le seul parmi tous les héros
A qui le ciel, par sa grâce infinie,
Daigne octroyer une fidèle amie,
Qu'Agnès est sage et fuit tous les amans.

Puis, fiez-vous à messieurs les savans!
Cet aumonier terrible, inexorable,
Avait saisi le moment favorable;
Malgré les cris, malgré les pleurs d'Agnès,
Il triomphait de ses jeunes attraits;
Il ravissait des plaisirs imparfaits;
Transports grossiers, volupté sans tendresse,
Triste union, sans douceur, sans caresse,
Plaisirs honteux qu'amour ne connaît pas:
Car, qui voudrait tenir entre ses bras
Une beauté qui détourne la bouche,
Qui de ses pleurs inonde votre couche?
Un honnête homme a bien d'autres désirs,
Il n'est heureux qu'en donnant des plaisirs;
Un aumônier n'est pas si difficile;
Il va piquant sa monture indocile,
Sans s'informer si le jeune tendron
Sous son empire a du plaisir ou non.
Le page aimable, amoureux et timide,
Qui, dans le bourg, était allé courir
Pour dignement honorer et servir
La déité qui de son sort décide,
Revint enfin. Las! il revint trop tard.
Il entre; il voit le damné de frappart
Qui, tout en feu, dans sa brutale joie,
Se démenait et dévorait sa proie.
Le beau Monrose, à cet objet fatal,
Le fer en main, vole sur l'animal;
Du chapelain l'impudique furie
Cède au besoin de défendre sa vie;
Du lit il saute, il empoigne un bâton,
Il s'en escrime, il accole le page.
Chacun des deux est brave champion;
Monrose est plein d'amour et de courage,

Et l'aumônier de luxure et de rage.
Les gens heureux qui goûtent dans les champs
La douce paix, fruit des jours innocens,
Ont vu souvent près de quelque bocage
Un loup cruel, affamé de carnage,
Qui de ses dents déchire la toison
Et boit le sang d'un malheureux mouton :
Si quelque chien, à l'oreille écourtée,
Au cœur superbe, à la gueule endentée,
Vient comme un trait tout prêt à guerroyer,
Incontinent l'animal carnassier
Laisse tomber de sa gueule écumante
Sur le gazon la victime innocente;
Il court au chien, qui, sur lui s'élançant,
A l'ennemi livre un combat sanglant;
Le loup mordu, tout bouillant de colère,
Croit étrangler son superbe adversaire;
Et le mouton, palpitant auprès d'eux,
Fait pour le chien de très-sincères vœux.
C'était ainsi que l'aumônier nerveux,
D'un cœur farouche et d'un bras formidable,
Se débattait contre le page aimable,
Tandis qu'Agnès, demi-morte de peur,
Restait au lit, digne prix du vainqueur.
L'hôte et l'hôtesse, et toute la famille,
Et les valets, et la petite fille,
Montent au bruit; on se jette entre deux :
On fit sortir l'aumônier scandaleux,
Et contre lui chacun fut pour le page :
Jeunesse et grâce ont partout l'avantage.
Le beau Monrose eut donc la liberté
De rester seul auprès de sa beauté;
Et son rival, hardi dans sa détresse,
Sans s'étonner alla chanter sa messe.

Agnès honteuse, Agnès au désespoir
Qu'un sacristain à ce point l'eût pollue,
Et plus encor qu'un beau page l'eût vue
Dans le combat indignement vaincue,
Versait des pleurs et n'osait plus le voir :
Elle eût voulu que la mort la plus prompte
Fermât ses yeux et terminât sa honte;
Elle disait, dans son grand désarroi,
Pour tout discours : Ah! monsieur, tuez-moi.
Qui vous, mourir! lui répondit Monrose :
Je vous perdrais! ce prêtre en serait cause!
Ah! croyez-moi, si vous aviez péché,
Il faudrait vivre et prendre patience :
Est-ce à nous deux de faire pénitence?
D'un vain remords votre cœur est touché;
Divine Agnès, quelle erreur est la vôtre,
De vous punir pour le péché d'un autre!
Si son discours n'était pas éloquent,
Ses yeux l'étaient; un feu tendre et touchant
Insinuait à la belle attendrie
Quelque désir de conserver sa vie.
Fallut dîner; car, malgré leurs chagrins,
(Chétif mortel, j'en ai l'expérience)
Les malheureux ne font point abstinence,
En enrageant on fait encor bombance.
Voilà pourquoi tous ces auteurs divins,
Ce bon Virgile et ce bavard Homère,
Que tout savant même en bâillant révère,
Ne manquent point, au milieu des combats,
L'occasion de parler d'un repas.
La belle Agnès dina donc tête à tête,
Près de son lit, avec ce page honnête.
Tous deux d'abord, également honteux,
Sur leur assiette arrêtaient leurs beaux yeux;

Puis enhardis tous deux se regardèrent,
Et puis enfin tous deux ils se lorgnèrent.
Vous savez bien que, dans la fleur des ans,
Quand la santé brille dans tous vos sens,
Qu'un bon dîner fait couler dans vos veines
Des passions les semençes soudaines,
Tout votre cœur cède au besoin d'aimer;
Vous vous sentez doucement enflammer
D'une chaleur bénigne et pétillante :
La chair est faible, et le diable vous tente.
Le beau Monrose, en ces temps dangereux,
Ne pouvant plus commander à ses feux,
Se jette aux pieds de la belle éplorée :
O cher objet! ô maîtresse adorée!
C'est à moi seul désormais de mourir,
Ayez pitié d'un cœur soumis et tendre :
Quoi! mon amour ne pourrait obtenir
Ce qu'un barbare a bien osé vous prendre!
Ah! si le crime a pu le rendre heureux,
Que devez-vous à l'amour vertueux?
C'est lui qui parle, et vous devez l'entendre.
Cet argument paraissait assez bon :
Agnès sentit le poids de sa raison.
Une heure encore elle osa se défendre,
Elle voulut reculer son bonheur,
Pour accorder le plaisir et l'honneur,
Sachant très-bien qu'un peu de résistance
Vaut encor mieux que trop de complaisance.
Monrose enfin, Monrose fortuné,
Eut tous les droits d'un amant couronné,
Du vrai bonheur il eut la jouissance.
Du prince anglais la gloire et la puissance
Ne s'étendaient que sur des rois vaincus;
Le fier Henri n'avait pris que la France,

Le lot du page était bien au-dessus.
Mais que la joie est trompeuse et légère !
Que le bonheur est chose passagère !
Le charmant page à peine avait goûté
De ce torrent de pure volupté,
Que des Anglais arrive une cohorte.
On monte, on entre, on enfonce la porte :
Couple enivré des caresses d'amour,
C'est l'aumônier qui vous joua ce tour.
La douce Agnès, de crainte évanouie,
Avec Monrose est aussitôt saisie;
C'est à Chandos qu'on prétend les mener.
A quoi Chandos va-t-il les condamner?
Tendres amans, vous craignez sa vengeance;
Vous savez trop par votre expérience
Que cet Anglais est sans compassion.
Dans leurs beaux yeux est la confusion;
Le désespoir les presse et les dévore;
Et cependant ils se lorgnaient encore :
Ils rougissaient de s'être faits heureux.
A Jean Chandos que diront-ils tous deux ?
Dans le chemin advint que de fortune
Ce corps anglais rencontra sur la brune
Vingt chevaliers qui pour Charles tenaient,
Et qui de nuit en ces quartiers rôdaient
Pour découvrir si l'on avait nouvelle
Touchant Agnès et touchant la Pucelle.
Quand deux mâtins, deux coqs et deux amans,
Nez contre nez se rencontrent aux champs;
Lorsqu'un suppôt de la grâce efficace
Trouve un cou tors de l'école d'Ignace,
Quand un enfant de Luther ou Calvin
Voit par hasard un prêtre ultramontain,
Sans perdre temps, un grand combat commence,

A coups de gueule, ou de plume, ou de lance :
Semblablement les gendarmes de France,
Tout du plus loin qu'ils virent les Bretons,
Fondent dessus, légers comme faucons.
Les gens anglais sont gens qui se défendent ;
Mille beaux coups se donnent et se rendent.
Le fier coursier qui notre Agnès portait
Était actif, jeune, fringant comme elle ;
Il se cabrait, il ruait, il tournait ;
Agnès allait sautillant sur la selle :
Bientôt au bruit des cruels combattans
Il s'effarouche, il prend le mors aux dents.
Agnès en vain veut d'une main timide
Le gouverner dans sa course rapide ;
Elle est trop faible, il lui fallut enfin
A son cheval remettre son destin.
Le beau Monrose, au fort de la mêlée,
Ne peut savoir où sa nymphe est allée ;
Le coursier vole, aussi prompt que le vent ;
Et sans relâche ayant couru six mille,
Il s'arrêta dans un vallon tranquille,
Tout vis-à-vis la porte d'un couvent.
Un bois était près de ce monastère ;
Auprès du bois une onde vive et claire
Fuit et revient ; et, par de longs détours
Parmi les fleurs elle poursuit son cours,
Plus loin s'élève une colline verte,
A chaque automne enrichie et couverte
Des doux présens dont Noé la dota,
Lorsqu'à la fin son grand coffre il quitta
Pour réparer du genre humain la perte,
Et que, lassé du spectacle de l'eau,
Il fit du vin par un art tout nouveau :
Flore et Pomone et la féconde haleine

Des doux zéphirs parfument ces beaux champs;
Sans se lasser, l'œil charmé s'y promène:
Le Paradis de nos premiers parens
N'avait point eu de vallons plus rians,
Plus fortunés, et jamais la nature
Ne fut plus belle, et plus riche, et plus pure.
L'air qu'on respire en ces lieux écartés
Porte la paix dans les cœurs agités,
Et, des chagrins calmant l'inquiétude,
Fait aux mondains aimer la solitude.
Au bord de l'onde Agnès se reposa,
Sur le couvent ses deux beaux yeux fixa,
Et de ses sens le trouble s'apaisa.
C'était, lecteur, un couvent de nonnettes.
Ah! dit Agnès, adorables retraites!
Lieux où le ciel a versé ses bienfaits!
Séjour heureux d'innocence et de paix!
Hélas! du ciel la faveur infinie
Peut-être ici me conduit tout exprès
Pour y pleurer les erreurs de ma vie.
De chastes sœurs, épouses de leur Dieu,
De leurs vertus embaument ce beau lieu;
Et moi, fameuse entre les pécheresses,
J'ai consumé mes jours dans les faiblesses.
Agnès, ainsi parlant à haute voix,
Sur le portail aperçut une croix;
Elle adora d'humilité profonde
Ce signe heureux du salut de ce monde;
Et, se sentant quelque componction,
Elle comptait s'en aller à confesse:
Car de l'amour à la dévotion
Il n'est qu'un pas: l'un et l'autre est faiblesse.
Or du moutier la vénérable abbesse
Depuis deux jours était allée à Blois,

Pour du couvent y soutenir les droits,
Ma sœur Besogne avait, en son absence,
Du saint troupeau la bénigne intendance;
Elle accourut au plus vite au parloir,
Puis fit ouvrir pour Agnès recevoir :
Entrez, dit-elle, aimable voyageuse;
Quel bon patron, quelle fête joyeuse
Peut amener aux pieds de nos autels
Cette beauté dangereuse aux mortels?
Seriez-vous point quelque ange ou quelque saint
Qui des hauts cieux abandonne l'enceinte
Pour ici bas nous faire la faveur
De consoler les filles du Seigneur?
Agnès répond : C'est pour moi trop d'honneur ;
Je suis, ma sœur, une pauvre mondaine ;
De grands péchés mes beaux jours sont ourdis;
Et si jamais je vais en paradis,
Je n'y serai qu'auprès de Madeleine.
De mon destin le caprice fatal,
Dieu, mon bon ange, et surtout mon cheval,
Ne sais comment en ces lieux m'ont portée;
De grands remords mon âme est agitée.
Mon cœur n'est point dans le crime endurci;
J'aime le bien; j'en ai perdu la trace.
Je la retrouve, et je sens que la grâce,
Pour mon salut, veut que je couche ici.
  Ma sœur Besogne, avec douceur prudente,
Encouragea la belle pénitente;
Et, de la grâce exaltant les attraits,
Dans sa cellule elle conduit Agnès;
Cellule propre et bien illuminée,
Pleine de fleurs et galamment ornée,
Lit ample et doux : on dirait que l'Amour
A de ses mains arrangé ce séjour.

Agnès, tout bas louant la Providence,
Vit qu'il est doux de faire pénitence.
Après souper (car je n'omettrai point
Dans mes récits ce noble et digne point),
Besogne dit à la belle étrangère :
Il est nuit close, et vous savez, ma chère,
Que c'est le temps où les esprits malins
Rôdent partout, et vont tenter les saints :
Il nous faut faire une œuvre profitable ;
Couchons ensemble, afin que, si le diable
Veut contre nous faire ici quelque effort,
Nous trouvant deux, le diable en soit moins fort.
La dame errante accepta la partie ;
Elle se couche, et croit faire œuvre pie,
Croit qu'elle est sainte, et que le ciel l'absout :
Mais son destin la poursuivait partout.
Puis-je au lecteur raconter sans vergogne
Ce que c'était que cette sœur Besogne ?
Il faut le dire, il faut tout publier.
Ma sœur Besogne était un bachelier
Qui d'un Hercule eut la force en partage ;
Et d'Adonis le gracieux visage,
N'ayant encor que vingt ans et demi,
Blanc comme lait et frais comme rosée :
La dame abbesse, en personne avisée,
En avait fait depuis peu son ami.
Sœur bachelier vivait dans l'abbaye
En cultivant son ouaille jolie :
Ainsi qu'Achille, en fille déguisé,
Chez Lycomède était favorisé
Des doux baisers de sa Déidamie.
La pénitente était à peine au lit
Avec sa sœur, soudain elle sentit
Dans la nonnain métamorphose étrange.

Assurément elle gagnait au change.
Crier, se plaindre, éveiller le couvent,
N'aurait été qu'un scandale imprudent;
Souffrir en paix, soupirer et se taire,
Se résigner, est tout ce qu'on peut faire:
Puis rarement en telle occasion
On a le temps de la réflexion.
Quand sœur Besogne à sa fureur claustrale
(Car on se lasse) eut mis quelque intervalle,
La belle Agnès, non sans contrition,
Fit en secret cette réflexion:
C'est donc en vain que j'eus toujours en tête
Le beau projet d'être une femme honnête:
C'est donc en vain que l'on fait ce qu'on peut:
N'est pas toujours femme de bien qui veut.

FIN DU CHANT X.

CHANT XI.

ARGUMENT.

Les Anglais violent le couvent. Combat de saint George, patron d'Angleterre, contre saint Denis, patron d[e] la France.

Je vous dirai, sans harangue inutile,
Que le matin nos deux charmans reclus,

Lassés tous deux de plaisirs défendus,
S'abandonnaient, l'un vers l'autre étendus,
Au doux repos d'une ivresse tranquille.
Un bruit affreux dérangea leur sommeil.
De tous côtés le flambeau de la guerre,
L'horrible mort, éclairent leur réveil;
Près du couvent le sang couvrait la terre.
Cet escadron de malandrins anglais
Avait battu cet escadron français.
Ceux-ci s'en vont au travers de la plaine,
Le fer en main; ceux-là volent après,
Frappant, tuant, criant tout hors d'haleine:
Mourez sur l'heure, ou rendez-nous Agnès;
Mais aucun d'eux n'en savait des nouvelles.
Le vieux Colin, pasteur de ces cantons,
Leur dit: Messieurs, en gardant mes moutons,
Je vis hier le miracle des belles
Qui vers le soir entrait en ce moutier.
Lors les Anglais se mirent à crier:
Ah! c'est Agnès, n'en doutons point, c'est elle:
Entrons, amis. La cohorte cruelle
Saute à l'instant dessus ces murs bénis.
Voilà les loups au milieu des brebis.
Dans le dortoir, de cellule en cellule,
A la chapelle, à la cave, en tout lieu,
Ces ennemis des servantes de Dieu
Attaquent tout sans honte et sans scrupule.
Ah! sœur Agnès, sœur Marthon, sœur Ursule,
Où courez-vous, levant les mains aux cieux,
Le trouble au sein, la mort dans vos beaux yeux?
Où fuyez-vous, colombes gémissantes?
Vous embrassez, interdites, tremblantes,
Ce saint autel, asile redouté,
Sacré garant de votre chasteté:

C'est vainement dans ce péril funeste,
Que vous criez à votre époux céleste ;
A ses yeux même, à ces mêmes autels,
Tendre troupeau, vos ravisseurs cruels
Vont profaner la foi pure et sacrée
Qu'innocemment votre bouche a jurée.
Je sais qu'il est des lecteurs bien mondains,
Gens sans pudeur, ennemis des nonnains,
Mauvais plaisans, de qui l'esprit frivole
Ose insulter aux filles qu'on viole :
Laissons les dire. — Hélas ! mes chères sœurs,
Qu'il est affreux pour de si jeunes cœurs,
Pour des beautés si simples, si timides,
De se débattre en des bras homicides !
De recevoir les baisers dégoûtans
De ces félons de carnage fumans,
Qui, d'un effort détestable et farouche,
Les yeux en feu, le blasphême à la bouche,
Mêlant l'outrage avec la volupté,
Vous font l'amour avec férocité,
De qui l'haleine horrible, empoisonnée,
La barbe dure, et la main forcenée,
Le corps hideux, le bras noir et sanglant,
Semblent donner la mort en caressant,
Et qu'on prendrait, dans leurs fureurs étranges,
Pour des démons qui violent des anges !
Déjà le crime aux regards effrontés
A fait rougir ces pudiques beautés.
Sœur Rébondi, si dévote et si sage,
Au fier Shipunk est tombée en partage.
Le dur Barclay, l'incrédule Warton,
Sont tous les deux après sœur Amidon.
On pleure, on prie, on joue, on presse, on cogne.
Dans le tumulte on voyait sœur Besogne

Se débattant contre Bard et Parson.
Ils ignoraient que Besogne est garçon,
Et la pressaient sans entendre raison.
Aimable Agnès, dans la troupe affligée
Vous n'étiez pas pour être négligée,
Et votre sort, objet charmant et doux,
Est à jamais de pécher malgré vous.
Le chef sanglant de la gent sacrilége,
Hardi vainqueur, vous presse et vous assiége;
Et les soldats, soumis dans leur fureur,
Avec respect lui cédaient cet honneur.
Le juste ciel, en ses décrets sévères,
Met quelquefois un terme à nos misères :
Car dans le temps que messieurs d'Albion
Avaient placé l'abomination
Tout au milieu de la sainte Sion,
Du haut des cieux le patron de la France,
Le bon Denis, propice à l'innocence,
Sut échapper aux soupçons inquiets
Du fier saint George, ennemi des Français;
Au paradis il vint en diligence :
Mais pour descendre au terrestre séjour,
Plus ne monta sur un rayon du jour,
Sa marche alors aurait paru trop claire :
Il s'en alla vers le dieu du mystère,
Dieu sage et fin, grand ennemi du bruit,
Qui partout vole, et ne va que de nuit.
Il favorise (et certes c'est dommage)
Force fripons; mais il conduit le sage :
Il est sans cesse à l'église, à la cour :
Au temps jadis il a guidé l'amour.
Il mit d'abord au milieu d'un nuage
Le bon Denis; puis il fit le voyage
Par un chemin solitaire, écarté,

Parlant tout bas et marchant de côté.
Des bons Français le protecteur fidèle
Non loin de Blois rencontra la Pucelle,
Qui sur le dos de son gros muletier
Gagnait pays par un petit sentier,
En priant Dieu qu'une heureuse aventure
Lui fît enfin retrouver son armure.
Tout du plus loin que saint Denis la vit,
D'un ton bénin le bon patron lui dit :
O ma pucelle, ô vierge destinée
A protéger les filles et les rois,
Viens secourir la pudeur aux abois,
Viens réprimer la rage forcenée,
Viens; que ce bras vengeur des fleurs de lis
Soit le sauveur de mes tendrons bénis :
Vois ce couvent; le temps presse, on viole;
Viens, ma Pucelle : il dit, et Jeanne y vole;
Le cher patron, lui servant d'écuyer,
A coups de fouet hâtait le muletier.
Vous voici, Jeanne, au milieu des infâmes
Qui tourmentaient ces vénérables dames.
Jeanne était nue : un Anglais impudent
Vers cet objet tourné soudain la tête;
Il la convoite; il pense fermement
Qu'elle venait pour être de la fête :
Vers elle il court, et sur sa nudité
Il va cherchant la sale volupté.
On lui répond d'un coup de cimeterre
Droit sur le nez. L'infâme roule à terre,
Jurant ce mot des Français révéré,
Mot énergique, au plaisir consacré,
Mot que souvent le profane vulgaire
Indignement prononce en sa colère.
Jeanne, à ses pieds foulant son corps sanglant,

Criait tout haut à ce peuple méchant :
Cessez, cruels, cessez, troupe profane!
O violeurs, craignez Dieu, craignez Jeanne!
Ces mécréans, au grand œuvre attachés,
N'écoutaient rien sur leurs nonnains juchés :
Tels des ânons broutent des fleurs naissantes :
Malgré les cris du maître et des servantes.
Jeanne, qui voit leurs impudens travaux,
De grande horreur saintement transportée,
Invoquant Dieu, de Denis assistée,
Le fer en main, vole de dos en dos,
De nuque en nuque et d'échine en échine,
Frappant, perçant de sa pique divine,
Pourfendant l'un alors qu'il commençait,
Dépêchant l'autre alors qu'il finissait,
Et moissonnant la cohorte félonne,
Si que chacun fut percé sur sa nonne,
Et, perdant l'âme au fort de son désir,
Allait au diable en mourant de plaisir.
 Isac Warton, dont la lubrique rage
Avait pressé son détestable ouvrage,
Ce dur Warton fut le seul écuyer
Qui de sa nonne osa se délier;
Et droit en pied reprenant son armure,
Attendit Jeanne et changea de posture.
 O vous, grand saint, protecteur de l'État,
Bon saint Denis, témoin de ce combat,
Daignez redire à ma muse fidèle
Ce qu'à vos yeux fit alors ma Pucelle.
Jeanne d'abord frémit, s'émerveilla :
Mon cher Denis! mon saint! que vois-je là?
Mon corselet, mon armure céleste,
Ce beau présent que tu m'avais donné,
Brille à mes yeux au dos de ce damné!

Il a mon casque, il a ma soubreveste.
Il était vrai; la Jeanne avait raison :
La belle Agnès, en troquant de jupon,
De cette armure en secret habillée,
Par Jean Clandos fut bientôt dépouillée.
Isâc Warton, écuyer de Chandos,
Prit cette armure et s'en couvrit le dos.
O Jeanne d'Arc, ô fleur des héroïnes,
Tu combattais pour tes armes divines;
Pour ton grand roi si long-temps outragé,
Pour la pudeur de cent bénédictines,
Pour saint Denis, de leur honneur chargé!
Denis la voit qui donne avec audace
Cent coups de sabre à sa propre cuirasse,
A son armet d'une aigrette ombragé.
Au mont Etna, dans leur forge brûlante,
Du noir Vulcain les borgnes compagnons
Font retentir l'enclume étincelante
Sous des marteaux moins pesans et moins prompts,
En préparant au maître du tonnerre
Son gros canon trop bravé sur la terre.
Le fier Anglais, de fer enharnaché,
Recule un pas; son âme est stupéfaite
Quand il se voit si rudement touché
Par une jeune et fringante brunette.
La voyant nue, il sentit des remords;
Sa main tremblait de blesser ce beau corps:
Il se défend, et combat en arrière,
De l'ennemie admirant les trésors,
Et se moquant de sa vertu guerrière.
Saint George alors, au sein du paradis,
Ne voyant plus son confrère Denis,
Se douta bien que le saint de la France
Portait aux siens sa divine assistance;

Il promenait ses regards inquiets
Dans les recoins du céleste palais.
Sans balancer, aussitôt il demande
Son beau cheval connu dans la légende.
Le cheval vint, George le bien monté,
La lance au poing et le sabre au côté,
Va parcourant cet effroyable espace
Que des humains veut mesurer l'audace;
Ces cieux divers, ces globes lumineux
Que fait tourner René, le songe-creux,
Dans un amas de subtile poussière,
Beaux tourbillons que l'on ne prouve guère,
Et que Newton, rêveur bien plus fameux,
Fait tournoyer sans boussole et sans guide
Autour du rien, tout au travers du vide.
George, enflammé de dépit et d'orgueil,
Franchit ce vide, arrive en un clin d'œil
Devers les lieux arrosés par la Loire,
Où saint Denis croyait chanter victoire.
Ainsi l'on voit dans la profonde nuit
Une comète, en sa longue carrière,
Étinceler d'une horrible lumière:
On voit sa queue, et le peuple frémit,
Le pape en tremble, et la terre étonnée
Croit que les vins vont manquer cette année.
Tout du plus loin que saint George aperçut
Monsieur Denis, de colère il s'émut;
Et, brandissant sa lance meurtrière,
Il dit ces mots dans le vrai goût d'Homère:
Denis, Denis, rival faible et hargneux,
Timide appui d'un parti malheureux,
Tu descends donc en secret sur la terre
Pour égorger mes héros d'Angleterre!
Crois-tu changer les ordres du destin,

Avec ton âne et ton bras féminin?
Ne crains-tu pas que ma juste vengeance
Punisse enfin, toi, ta fille et la France?
Ton triste chef, branlant sur ton cou tors,
S'est déjà vu séparé de ton corps:
Je veux t'ôter, aux yeux de ton Eglise,
Ta tête chauve en son lieu mal remise,
Et t'envoyer vers les murs de Paris,
Digne patron des badauds attendris,
Dans ton faubourg où l'on chôme ta fête,
Tenir encore et rebaiser ta tête.
Le bon Denis, levant les mains aux cieux,
Lui répondit d'un ton noble et pieux:
O grand saint George! ô mon puissant confrère!
Veux-tu toujours écouter ta colere!
Depuis le temps que nous sommes au ciel,
Ton cœur dévot est tout pétri de fiel;
Nous faudra-t-il, bienheureux que nous sommes,
Saints enchâssés, tant fêtés chez les hommes,
Nous qui devons l'exemple aux nations,
Nous décrier par nos divisions?
Veux-tu porter une guerre cruelle
Dans le séjour de la paix éternelle?
Jusques à quand les saints de ton pays
Mettront-ils donc le trouble en paradis?
O fiers Anglais, gens toujours trop hardis,
Le ciel un jour, à son tour en colère,
Se lassera de vos façons de faire;
Ce ciel n'aura grâce à vos soins jaloux.
Plus de dévots qui viennent de chez vous.
Malheureux saint, pieux atrabilaire,
Patron maudit d'un peuple sanguinaire,
Sois plus traitable, et, pour Dieu, laisse-moi
Sauver la France et secourir mon roi!

A ce discours, George, bouillant de rage,
Sentit monter le rouge à son visage;
Et des badauds contemplant le patron,
Il redoubla de force et de courage,
Car il prenait Denis pour un poltron:
Il fond sur lui, tel qu'un puissant faucon
Vole de loin sur un tendre pigeon.
Denis recule, et, prudent, il appelle
A haute voix son âne si fidèle,
Son âne ailé, sa joie et son secours:
Viens, criait-il, viens défendre mes jours.
Ainsi parlant, le bon Denis oublie
Que jamais saint n'a pu perdre la vie.
Le beau grison revenait d'Italie
En ce moment: et moi, conteur succint,
J'ai déjà dit ce qui fit qu'il revint.
A son Denis dos et selle il présente.
Notre patron, sur son âne élancé,
Sentit soudain sa valeur renaissante.
Subtilement il avait ramassé
Le fer tranchant d'un Anglais trépassé;
Lors, brandissant le fatal cimeterre,
Il pousse à George, il le presse, il le serre.
George, indigné, lui fait tomber, en bref,
Trois horions sur son malheureux chef;
Tous sont parés: Denis garde sa tête,
Et de ses coups dirige la tempête
Sur le cheval et sur le cavalier;
Le feu jaillit de l'élastique acier;
Les fers croisés et de taille et de pointe
A tout moment vont, au fort du combat,
Chercher le cou, le casque, le rabat,
Et l'auréole et l'endroit délicat
Où la cuirasse à l'aiguillette est jointe.

Ces vains efforts les rendaient plus ardens :
Tous deux tenaient la victoire en suspens,
Quand de sa voix terrible et discordante
L'âne entonna son octave écorchante.
Le ciel en tremble ; Écho, du fond des bois,
En frémissant répète cette voix.
George pâlit : Denis, d'une main leste,
Fait une feinte, et d'un revers céleste
Tranche le nez du grand saint d'Albion ;
Le bout sanglant roule sur son arçon.
George sans nez, mais non pas sans courage,
Venge à l'instant l'honneur de son visage ;
Et, jurant Dieu, selon les nobles us
De ses Anglais, d'un coup de cimeterre
Coupe à Denis ce que jadis saint Pierre
Certain jeudi fit tomber à Malchus.
A ce spectacle, à la voix ampoulée
De l'âne saint, à ses terribles cris,
Tout fut ému dans les divins lambris.
Le beau portail de la voûte étoilée
S'ouvrit alors, et des arches du ciel
On vit sortir l'archange Gabriel,
Qui, soutenu sur ses brillantes ailes,
Fend doucement les plaines éternelles,
Portant en main la verge qu'autrefois
Devers le Nil eut le divin Moïse,
Quand dans la mer suspendue et soumise
Il engloutit les peuples et les rois.
Que vois-je ici ? cria-t-il en colère ;
Deux saints patrons, deux enfans de lumière,
Du Dieu de paix confidens éternels,
Vont s'échiner comme de vils mortels !
Laissez, laissez aux sots enfans des femmes
Les passions, et le fer, et les flammes ;

Abandonnez à leur profane sort
Les corps chétifs de ces grossières âmes,
Nés dans la fange et formés pour la mort:
Mais vous, enfans, qu'au séjour de la vie
Le ciel nourrit de sa pure ambroisie,
Êtes-vous las d'être trop fortunés?
Êtes-vous fous? ciel! une oreille! un nez!
Vous que la grâce et la miséricorde
Avaient formés pour prêcher la concorde,
Pouvez-vous bien de je ne sais quels rois
En étourdis embrasser la querelle?
Ou renoncez à la voûte éternelle,
Ou dans l'instant qu'on se rende à mes lois;
Que dans vos cœurs la charité s'éveille:
George insolent, ramassez cette oreille,
Ramassez, dis-je; et vous, monsieur Denis,
Prenez ce nez avec vos doigts bénis;
Que chaque chose en son lieu soit remise.
Denis soudain va, d'une main soumise,
Rendre le bout au nez qu'il fit camus;
George à Denis rend l'oreille dévote
Qu'il lui coupa. Chacun des deux marmotte
A Gabriel un gentil *oremus*;
Tout se rajuste, et chaque cartilage
Va se placer à l'air de son visage;
Sang, fibres, chair, tout se consolida,
Et nul vestige aux deux saints ne resta
De nez coupé ni d'oreille abattue,
Tant les saints ont la chair ferme et dodue!
Puis Gabriel, d'un ton de président:
Ça qu'on s'embrasse; il dit, et dans l'instant
Le doux Denis, sans fiel et sans colère,
De bonne foi baisa son adversaire:
Mais le fier George en l'embrassant jurait

Et promettait que Denis le paîrait.
Le bel archange, après cette embrassade,
Prend mes deux saints, et, d'un air gracieux,
A ses côtés les fait voguer aux cieux,
Où de nectar on leur verse rasade.
   Peu de lecteurs croiront ce grand combat;
Mais sous les murs qu'arrosait le Scamandre
N'a-t-on pas vu jadis avec éclat
Les dieux armés de l'Olympe descendre?
N'a-t-on pas vu chez cet Anglais Milton
D'anges ailés toute une légion
Rougir de sang les célestes campagnes,
Jeter au nez quatre ou cinq cents montagnes,
Et, qui pis est, avoir du gros canon?
Or, si jadis Michel et le démon
Se sont battus, messieurs Denis et George
Pouvaient sans doute, à plus forte raison,
Se rencontrer et se couper la gorge.
   Mais dans le ciel si la paix revenait,
Il en était autrement sur la terre,
Séjour maudit de discorde et de guerre.
Le bon roi Charle en cent endroits courait,
Nommait Agnès, la cherchait et pleurait:
Et cependant Jeanne la foudroyante,
De son épée invincible et sanglante,
Au fier Warton le trépas préparait;
Elle l'atteint vers l'énorme partie
Dont cet Anglais profana le couvent:
Warton chancelle, et son glaive tranchant
Quitte sa main par la mort engourdie.
Il tombe, et meurt en reniant les saints.
Le vieux troupeau des antiques nonnains,
Voyant aux pieds de l'amazone auguste
Le chevalier sanglant et trébuché,

Disant : *Ave*, s'écriait : Il est juste
Qu'on soit puni par où l'on a péché.
Sœur Rebondi, qui dans la sacristie
A succombé sous le vainqueur impie,
Pleurait le traître, en rendant grâce au ciel,
Et, mesurant des yeux le criminel,
Elle disait d'une voix charitable :
Hélas! hélas! nul ne fut plus coupable!

FIN DU CHANT XI.

CHANT XII.

ARGUMENT.

Monrose tue l'aumônier. Charles retrouve Agnès, qui se consolait avec Monrose dans le château de Cutendre.

J'AVAIS juré de laisser la morale,
De conter net, de fuir les longs discours :
Mais que ne peut ce grand dieu des amours?
Il est bavard, et ma plume inégale
Va griffonnant de son bec effilé
Ce qu'il inspire à mon cerveau brûlé.
Jeunes beautés, filles, veuves, ou femmes,
Qu'il enrôla sous ses drapeaux charmans,
Vous qui lancez et recevez ces flammes,
Or, dites-moi, quand deux jeunes amans,

Égaux en grâce, en mérite, en talens,
Aux doux plaisirs tous deux vous sollicitent,
Également vous pressent, vous excitent,
Mettent en feu vos sensibles appas,
Vous éprouvez un étrange embarras.
Connaissez-vous cette histoire frivole
D'un certain âne, illustre dans l'école?
Dans l'écurie on vint lui présenter
Pour son dîner deux mesures égales,
De même forme, à pareils intervalles :
Des deux côtés l'âne se vit tenter
Également, et dressant ses oreilles
Juste au milieu des deux formes pareilles,
Mourut de faim, de peur de faire un choix.
N'imitez pas cette philosophie ;
Daignez plutôt honorer tout d'un temps
De vos bontés vos deux jeunes amans,
Et gardez-vous de risquer votre vie.
   A quelques pas de ce joli couvent,
Si pollué, si triste et si sanglant,
Où le matin vingt nonnes affligées
Par l'amazone ont été trop vengées,
Près de la Loire était un vieux château
A pont-levis, mâchicoulis, tourelles;
Un long canal transparent, à fleur d'eau,
En serpentant tournait au pied d'icelles,
Puis embrassait, en quatre cents jets d'arc,
Les murs épais qui défendaient le parc :
Un vieux baron, surnommé de Cutendre,
Était seigneur de cet heureux logis :
En sûreté chacun pouvait s'y rendre.
Le vieux seigneur, dont l'âme est bonne et tendre,
En avait fait l'asile du pays.
Français, Anglais, tous étaient ses amis;

Tout voyageur en coche, en botte, en guêtre,
Ou prince, ou moine, ou nonne, ou Turc, ou prêtre,
Y recevait un accueil gracieux :
Mais il fallait qu'on entrât deux à deux ;
Car tout baron a quelque fantaisie,
Et celui-ci pour jamais résolut
Qu'en son châtel en nombre pair on fût,
Jamais impair : telle était sa folie.
Quand deux à deux on abordait chez lui
Tout allait bien ; mais malheur à celui
Qui venait seul en ce logis se rendre ;
Il soupait mal ; il lui fallait attendre
Qu'un compagnon formât ce nombre heureux,
Nombre parfait qui fait que deux font deux.
La fière Jeanne, ayant repris ses armes,
Qui cliquetaient sur ses robustes charmes,
Devers la nuit y conduisit au frais,
En devisant, la belle et douce Agnès.
Cet aumônier qui la suivait de près,
Cet aumônier, ardent, insatiable,
Arrive aux murs du logis charitable.
Ainsi qu'un loup qui mâche sous sa dent
Le fin duvet d'un jeune agneau bêlant,
Plein de l'ardeur d'achever sa curée,
Va du bercail escalader l'entrée :
Tel, enflammé de sa lubrique ardeur,
L'œil tout en feu, l'aumônier ravisseur
Allait cherchant les restes de sa joie,
Qu'on lui ravit lorsqu'il tenait sa proie.
Il sonne, il crie : on vient ; on aperçut
Qu'il était seul : or soudain il parut
Que les deux bois dont les forces mouvantes
Font ébranler les solives tremblantes
Du pont-levis, par les airs s'élevaient,

Et, s'élevant, le pont-levis haussaient.
A ce spectacle, à cet ordre du maître,
Qui jura Dieu? ce fut mon vilain prêtre;
Il suit des yeux les deux mobiles bois;
Il tend les mains, veut crier, perd la voix.
On voit souvent, du haut d'une gouttière,
Descendre un chat auprès d'une volière,
Passant la griffe à travers les barreaux
Qui contre lui défendent les oiseaux;
Son œil poursuit cette espèce emplumée
Qui se tapit au fond d'une ramée.
Notre aumônier fut encor plus confus
Alors qu'il vit sous des ormes touffus
Un beau jeune homme à la tresse dorée,
Au sourcil noir, à la mine assurée,
Aux yeux brillans, au menton cotonné,
Au teint fleuri, par les Grâces orné,
Tout rayonnant des couleurs du bel âge:
C'était l'Amour, ou c'était mon beau page,
C'était Monrose. Il avait tout le jour
Cherché l'objet de son naissant amour.
Dans le couvent, reçu par les nonnettes,
Il apparut à ces filles discrètes
Non moins charmant que l'ange Gabriel
Pour les bénir venant du haut du ciel.
Les tendres sœurs, voyant le beau Monrose,
Sentaient rougir leurs visages de rose,
Disant tout bas: Ah! que n'était-il là,
Dieu paternel, quand on nous viola?
Toutes en cercle autour de lui se mirent,
Parlant sans cesse, et lorsqu'elles apprirent
Que ce beau page allait chercher Agnès,
On lui donna le coursier le plus frais,
Avec un guide, afin que sans esclandre

Il arrivât au château de Cutendre.
En arrivant, il vit près du chemin,
Non loin du pont, l'aumônier inhumain.
Lors, tout ému de joie et de colère :
Ah ! c'est donc toi, prêtre de Belzébut !
Je jure ici Chandos, et mon salut,
Et plus encor les yeux qui m'ont su plaire,
Que tes forfaits vont enfin se payer.
Sans repartir, le bouillant aumônier
Prend d'une main par la rage tremblante
Un pistolet, en presse la détente,
Le chien s'abat, le feu prend, le coup part ;
Le plomb chassé siffle et vole au hasard,
Suivant au loin la ligne mal mirée
Que lui traçait une main égarée :
Le page vise, et, par un coup plus sûr,
Atteint le front, ce front horrible et dur ;
Où se peignait une âme détestable.
L'aumônier tombe, et le page vainqueur
Sentit alors dans le fond de son cœur
De la pitié le mouvement aimable.
Hélas ! dit-il, meurs du moins en chrétien ;
Dis *Te Deum* ; tu vécus comme un chien ;
Demande au ciel pardon de ta luxure ;
Prononce *Amen*, donne ton âme à Dieu.
Non, répondit le maraud à tonsure ;
Je suis damné, je vais au diable : adieu.
Il dit et meurt ; son âme déloyale
Alla grossir la cohorte infernale.
Tandis qu'ainsi ce monstre impénitent
Allait rôtir aux brasiers de Satan,
Le bon roi Charle, accablé de tristesse,
Allait cherchant son errante maîtresse,
Se promenant, pour calmer sa douleur,

Devers la Loire avec son confesseur.
Il faut ici, lecteur, que je remarque
En peu de mots ce que c'est qu'un docteur
Qu'en sa jeunesse un amoureux monarque,
Par étiquette, a pris pour directeur.
C'est un mortel tout pétri d'indulgence,
Qui doucement fait pencher dans ses mains
Du bien, du mal, la trompeuse balance,
Vous mène au ciel par d'aimables chemins,
Et fait pécher son maître en conscience :
Son ton, ses yeux, son geste composant,
Observant tout, flattant avec adresse
Le favori, le maître, la maîtresse;
Toujours accort et toujours complaisant.
  Le confesseur du monarque gallique
Etait un fils du bon saint Dominique;
Il s'appelait le père Bonifoux,
Homme de bien, se faisant tout à tous.
Il lui disait d'un ton dévot et doux :
Que je vous plains ! la partie animale
Prend le dessus; la chose est bien fatale.
Aimer Agnès est un péché vraiment,
Mais ce péché se pardonne aisément.
Au temps jadis il était fort en vogue
Chez les Hébreux, enfans du Décalogue :
Cet Abraham, ce père des croyans,
Avec Agar s'avisa d'être père;
Car sa servante avait des yeux charmans
Qui de Sara méritaient la colère.
Jacob le juste épousa les deux sœurs.
Tout patriarche a connu les douceurs
Du changement dans l'amoureux mystère.
Le vieux Booz, en son vieux lit reçut,
Après moisson, la bonne et vieille Ruth.

Et, sans compter la belle Betzabée,
Du bon David l'âme fut absorbée
Dans les plaisirs de son ample sérail.
Son vaillant fils, fameux par sa crinière,
Un beau matin, par vertu singulière,
Vous repassa tout ce gentil bercail.
De Salomon vous savez le partage :
Comme un oracle on écoutait sa voix;
Il savait tout, et des rois le plus sage
Etait aussi le plus galant des rois.
De leurs péchés si vous suivez la trace,
Si vos beaux ans sont livrés à l'amour,
Consolez-vous, la sagesse a son tour.
Jeune on s'égare, et vieux on obtient grâce.
  Ah! dit Charlot, ce discours est fort bon;
Mais que je suis bien loin de Salomon!
Que son bonheur augmente mes détresses!
Pour ses ébats il eut trois cents maîtresses;
Je n'en ai qu'une... hélas! je ne l'ai plus.
  Des pleurs alors sur son nez répandus
Interrompaient sa voix tendre et plaintive,
Lorsqu'il avise, en tournant vers la rive,
Sur un cheval trottant d'un pas hardi,
Un manteau rouge, un ventre rebondi,
Un vieux rabat; c'était Bonneau lui-même.
Or chacun sait qu'après l'objet qu'on aime,
Rien n'est plus doux pour un parfait amant
Que de trouver son très-cher confident.
Le roi, perdant et reprenant haleine,
Crie à Bonneau : Quel démon te ramène?
Que fait Agnès? dis, d'où viens-tu? quels lieux
Sont embellis, éclairés par ses yeux?
Où la trouver? dis donc, réponds donc, parle.
  Aux questions qu'enfilait le roi Charle

Le bon Bonneau conta de point en point
Comme il avait été mis en pourpoint,
Comme il avait servi dans la cuisine,
Comme il avait, par fraude clandestine
Et par miracle, à Chandos échappé,
Quand à se battre on était occupé;
Comme on cherchait cette beauté divine.
Sans rien omettre, il raconta fort bien
Ce qu'il savait; mais il ne savait rien :
Il ignorait la fatale aventure,
Du prêtre anglais la brutale luxure,
Du page aimé l'amour respectueux,
Et du couvent le sac incestueux.
Après avoir bien expliqué leurs craintes,
Repris cent fois le fil de leurs complaintes,
Maudit le sort et les cruels Anglais,
Tous deux étaient plus tristes que jamais.
Il était nuit; le char de la grande ourse
Vers son nadir avait fourni sa course.
Le jacobin dit au prince pensif :
Il est bien tard; soyez mémoratif
Que tout mortel, prince ou moine, à cette heure,
Devrait chercher quelque honnête demeure
Pour y souper et pour passer la nuit.
Le triste roi par le moine conduit,
Sans rien répondre et ruminant sa peine,
Le cou penché, galope dans la plaine,
Et bientôt Charle, et le prêtre, et Bonneau,
Furent tous trois aux fossés du château.
Non loin du pont était l'aimable page,
Lequel, ayant jeté dans le canal
Le corps maudit de son damné rival,
Ne perdait point l'objet de son voyage;
Il dévorait en secret son ennui,

Voyant ce pont entre sa dame et lui,
Mais quand il vit aux rayons de la lune
Les trois Français, il sentit que son cœur
Du doux espoir éprouvait la chaleur :
Et, d'une grâce adroite et non commune,
Cachant son nom et surtout son ardeur,
Dès qu'il parut, dès qu'il se fit entendre,
Il inspira je ne sais quoi de tendre :
Il plut au prince, et le moine bénin
Le caressait de son air patelin,
D'un œil dévot et du plat de la main.
 Le nombre pair étant formé de quatre,
On vit bientôt les deux flèches abattre
Le pont mobile, et les quatre coursiers
Font en marchant gémir les madriers.
Le gros Bonneau tout essoufflé chemine,
En arrivant, droit devers la cuisine,
Songe au souper. Le moine au même lieu
Dévotement en rendit grâce à Dieu.
Charles, prenant un nom de gentilhomme,
Court à Cutendre avant qu'il prît son somme.
Le bon baron lui fit son compliment,
Puis le mena dans son appartement.
Charle a besoin d'un peu de solitude;
Il veut jouir de son inquiétude :
Il pleure Agnès; il ne se doutait pas
Qu'il fût si près de ses jeunes appas.
Le beau Monrose en sut bien davantage :
Avec adresse il fit causer un page :
Il se fit dire où reposait Agnès,
Remarquant tout avec des yeux discrets.
Ainsi qu'un chat qui d'un regard avide
Guette au passage une souris timide;
Marchant tout doux, la terre ne sent pas

L'impression de ses pieds délicats ;
Dès qu'il l'a vue, il a sauté sur elle.
Ainsi Monrose, avançant vers la belle,
Étend un bras, puis avance à tâtons,
Posant l'orteil et haussant les talons.
Agnès, Agnès, il entre dans ta chambre !
Moins promptement la paille vole à l'ambre,
Et le fer suit moins sympathiquement
Le tourbillon qui l'unit à l'aimant.
Le beau Monrose en arrivant se jette
A deux genoux au bord de la couchette
Où sa maîtresse avait entre deux draps,
Pour sommeiller, arrangé ses appas.
De dire un mot aucun d'eux n'eut la force
Ni le loisir ; le feu prit à l'amorce
En un clin d'œil ; un baiser amoureux
Unit soudain leurs bouches demi-closes ;
Leur âme vint sur leurs lèvres de roses,
Un tendre feu sortit de leurs beaux yeux ;
Dans leurs baisers leurs langues se cherchèrent :
Qu'éloquemment alors elles parlèrent !
Discours muets, langage des désirs,
Charmant prélude, organe des plaisirs,
Pour un moment il vous fallut suspendre
Ce doux concert et ce duo si tendre.
Agnès aida Monrose impatient
A dépouiller, à jeter promptement
De ses habits l'incommode parure,
Déguisement qui pèse à la nature,
Dans l'âge d'or aux mortels inconnu,
Que hait surtout un dieu qui va tout nu.
Dieux ! quels objets ! est-ce Flore et Zéphyre ?
Est-ce Psyché qui caresse l'Amour ?

Est-ce Vénus que le fils de Cinyre *
Tient dans ses bras loin des rayons du jour,
Tandis que Mars est jaloux et soupire ?
Le Mars français, Charle au fond du château
Soupire alors avec l'ami Bonneau,
Mange à regret et boit avec tristesse.
Un vieux valet, bavard de son métier,
Pour égayer sa taciturne altesse,
Apprit au roi, sans se faire prier,
Que deux beautés, l'une robuste et fière,
Aux cheveux noirs, à la mine guerrière,
L'autre plus douce, aux yeux bleus, au teint frais,
Couchaient alors dans la gentilhomière.
Charle étonné les soupçonne à ces traits;
Il se fait dire et puis redire encore
Quels sont les yeux, la bouche, les cheveux,
Le doux parler, le maintien vertueux
Du cher objet de son cœur amoureux:
C'est elle enfin, c'est tout ce qu'il adore;
Il en est sûr, il quitte son repas.
Adieu, Bonneau; je cours entre ses bras.
Il dit et vole, et non pas sans fracas;
Il était roi, cherchant peu le mystère.
Plein de sa joie, il répète et redit
Le nom d'Agnès tant qu'Agnès l'entendit.
Le couple heureux en trembla dans son lit.
Que d'embarras! comment sortir d'affaire?
Voici comment le beau page s'y prit:
Près du lambris, dans une grande armoire,
On avait mis un petit oratoire,
Autel de poche, où, lorsque l'on voulait,

* Adonis.

Pour quinze sous un capucin venait;
Sur le retable, en voûte pratiquée,
Est une niche en attendant son saint;
D'un rideau vert la niche était masquée.
Que fait Monrose? un beau penser lui vint
De s'ajuster dans la niche sacrée;
En bienheureux, derrière le rideau
Il se tapit, sans pourpoint, sans manteau.
Charle volait, et presque dès l'entrée
Il saute au cou de sa belle adorée;
Et, tout en pleurs il veut jouir des droits
Qu'ont les amans, surtout quand ils sont rois.
Le saint caché frémit à cette vue;
Il fait du bruit, et la table remue:
Le prince approche, il y porte la main;
Il sent un corps, il recule, il s'écrie:
Amour! Satan! saint François! saint Germain
Moitié frayeur et moitié jolousie:
Puis tire à lui, fait tomber sur l'autel
Avec grand bruit le rideau sous lequel
Se blotissait cette aimable figure
Qu'à son plaisir façonna la nature.
Son dos tourné par pudeur étalait
Ce que César par pudeur soumettait
A Nicomède en sa belle jeunesse,
Ce que jadis le héros de la Grèce
Admira tant dans son Éphestion,
Ce qu'Adrien mit dans le Panthéon.
Que les héros, ô ciel! ont de faiblesse!
Si mon lecteur n'a point perdu le fil
De cette histoire, au moins se souvient-il
Que dans le camp la courageuse Jeanne
Traça jadis au bas du dos profane,
D'un doigt conduit par monsieur saint Denis,

Adroitement trois belles fleurs de lis.
Cet écusson, ces trois fleurs, ce derrière,
Émurent Charle : il se mit en prière ;
Il croit que c'est un tour de Belzébut.
De repentir et de douleur atteinte,
La belle Agnès s'évanouit de crainte.
Le prince alors, dont le trouble s'accrut,
Lui prend les mains : Qu'on vole ici vers elle :
Accourez tous ; le diable est chez ma belle.
Aux cris du roi, le confesseur troublé,
Non sans regret quitte aussitôt la table :
L'ami Bonneau monte tout essoufflé ;
Jeanne s'éveille, et, d'un bras redoutable,
Prenant ce fer que la victoire suit,
Cherche l'endroit d'où partait tout le bruit.
Et cependant le baron de Cutendre
Dormait à l'aise, et ne put rien entendre.

FIN DU CHANT XII.

CHANT XIII.

ARGUMENT.

Sortie du château de Cutendre. Combat de la Pucelle et de Jean Chandos : étrange loi du combat à laquelle la Pucelle est soumise. Vision du père Bonifoux. Miracle qui sauve l'honneur de Jeanne.

C'ÉTAIT le temps de la saison brillante,
Quand le soleil aux bornes de son cours
Prend sur les nuits pour ajouter aux jours,
Et, se plaisant dans sa démarche lente
A contempler nos fortunés climats,
Vers le tropique arrête encor ses pas.
O grand saint Jean, c'était alors ta fête;
Premier des Jeans, orateur des déserts,
Toi qui criais jadis à pleine tête
Que du salut les chemins soient ouverts;
Grand précurseur, je t'aime, je te sers.
Un autre Jean eut la bonne fortune
De voyager au pays de la lune
Avec Astolphe, et rendit la raison,
Si l'on en croit un auteur véridique,
Au paladin amoureux d'Angélique :
Rends-moi la mienne, ô Jean second du nom!
Tu protégeas ce chantre aimable et rare
Qui réjouit les seigneurs de Ferrare
Par le tissu de ses contes plaisans;

Tu pardonnas aux vives apostrophes
Qu'il t'adressa dans ses comiques strophes :
Etends sur moi tes secours bienfaisans ;
J'en ai besoin : car tu sais que les gens
Sont bien plus sots et bien moins indulgens
Qu'on ne l'était au siècle du génie,
Quand l'Arioste illustrait l'Italie.
Protége-moi contre ces durs esprits,
Frondeurs pesans de mes légers écrits.
Si quelquefois l'innocent badinage
Vient en riant égayer mon ouvrage,
Quand il le faut je suis très-sérieux ;
Mais je voudrais n'être point ennuyeux.
Conduis ma plume, et surtout daigne faire
Mes complimens à Denis, ton confrère.
En accourant la fière Jeanne d'Arc
D'une lucarne aperçut dans le parc
Cent palefrois, une brillante troupe
De chevaliers ayant dames en croupe,
Et d'écuyers qui tenaient dans leurs mains
Tout l'attirail des combats inhumains ;
Cent boucliers où des nuits la courrière
Réfléchissait sa tremblante lumière ;
Cent casques d'or d'aigrettes ombragés,
Et les longs bois d'un fer pointu chargés,
Et des rubans dont les touffes dorées
Pendaient au bout des lances acérées.
Voyant cela, Jeanne crut fermement
Que les Anglais avaient surpris Cutendre :
Mais Jeanne d'Arc se trompa lourdement.
En fait de guerre on peut bien se méprendre,
Ainsi qu'ailleurs : mal voir et mal entendre
De l'héroïne était souvent le cas,
Et saint Denis ne l'en corrigea pas.

Ce n'étaient point des enfans d'Angleterre
Qui de Cutendre avaient surpris la terre;
C'est ce Dunois de Milan revenu,
Ce grand Dunois à Jeanne si connu;
C'est la Trimouille avec sa Dorothée.
Elle était d'aise et d'amour transportée;
Elle en avait sujet assurément :
Elle voyage avec son cher amant,
Ce cher amant, ce tendre la Trimouille
Que l'honneur guide et que l'amour chatouille;
Elle le suit toujours avec honneur
Et ne craint plus monsieur l'inquisiteur.
En nombre pair cette troupe dorée
Dans le château la nuit était entrée.
Jeanne y vola : le bon roi, qui la vit,
Crut qu'elle allait combattre, et la suivit;
Et, dans l'erreur qui trompait son courage,
Il laisse encore Agnès avec son page.
O page heureux, et plus heureux cent fois
Que le plus grand, le plus chrétien des rois!
Que de bon cœur alors tu rendis grâce
Au benoît saint dont tu tenais la place!
Il te fallut rhabiller promptement;
Tu rajustas ta trousse diaprée :
Agnès t'aidait d'une main timorée,
Qui s'égarait et se trompait souvent.
Que de baisers sur sa bouche de rose
Elle reçut en rhabillant Monrose!
Que son bel œil, le voyant rajusté,
Semblait encor chercher la volupté!
Monrose au parc descendit sans rien dire.
Le confesseur tout saintement soupire,
Voyant passer ce beau jeune garçon
Qui lui donnait de la distraction.

La douce Agnès composa son visage,
Ses yeux, son air, son maintien, son langage.
Auprès du roi Bonifoux se rendit,
Le consola, le rassura, lui dit
Que dans la niche un envoyé céleste
Etait d'en-haut venu pour annoncer
Que des Anglais la puissance funeste
Touchait au terme, et que tout doit passer;
Que le roi Charle obtiendrait la victoire.
Charles le crut, car il aimait à croire.
La fière Jeanne appuya ce discours :
Du ciel, dit-elle, acceptons le secours;
Venez, grand prince, et rejoignons l'armée,
De votre absence à bon droit alarmée.
Sans balancer la Trimouille et Dunois
De cet avis furent à haute voix.
Par ces héros la belle Dorothée
Honnêtement au roi fut présentée.
Agnès la baise, et le noble escadron
Sortit enfin du logis du baron.
Le juste ciel aime souvent à rire
Des passions du sublunaire empire;
Il regardait cheminer dans les champs
Cet escadron de héros et d'amans.
Le roi de France allait près de sa belle,
Qui, s'efforçant d'être toujours fidèle,
Sur son cheval la main lui présentait,
Serrait la sienne, exhalait sa tendresse;
Et cependant, ô comble de faiblesse!
De temps en temps le beau page lorgnait.
Le confesseur, psalmodiant, suivait,
Des voyageurs récitait la prière,
S'interrompait en voyant tant d'attraits,
Et regardait avec des yeux distraits

Le roi, le page, Agnès et son bréviaire.
Tout brillant d'or et le cœur plein d'amour,
Ce la Trimouille, ornement de la cour,
Caracolait auprès de Dorothée,
Ivre de joie et d'amour transportée,
Qui le nommait son cher libérateur,
Son cher amant, l'idole de son cœur.
Il lui disait : Je veux, après la guerre,
Vivre à mon aise avec vous dans ma terre.
O cher objet dont je suis toujours fou,
Quand serons-nous tous les deux en Poitou?
Jeanne auprès d'eux, ce fier soutien du trône,
Portant corset et jupon d'amazone,
Le chef orné d'un petit chapeau vert,
Enrichi d'or et de plumes couvert,
Sur son fier âne étalait ses gros charmes,
Parlait au roi, courait, allait le pas,
Se rengorgeait, et soupirait tout bas
Pour le Dunois, compagnon de ses armes;
Car elle avait toujours le cœur ému,
Se souvenant de l'avoir vu tout nu.
Bonneau, portant barbe de patriarche,
Suant, soufflant, Bonneau fermait la marche.
O d'un grand roi serviteur précieux!
Il pense à tout; il a soin de conduire
Deux gros mulets tout chargés de vins vieux,
Longs saucissons, pâtés délicieux,
Jambons, poulets, ou cuits ou prêts à cuire.
On avançait, alors que Jean Chandos,
Cherchant partout son Agnès et son page,
Au coin d'un bois, près d'un certain passage,
Le fer en main rencontra nos héros.
Chandos avait une suite assez belle,
De fiers Bretons, pareille en nombre à celle

Qui suit les pas du monarque amoureux:
Mais elle était d'espèce différente;
On n'y voyait ni tétons ni beaux yeux.
Oh! oh! dit-il d'une voix menaçante:
Galans Français, objet de mon courroux,
Vous aurez donc trois filles avec vous?
Et moi, Chandos, je n'en aurai pas une!
Çà, combattons: je veux que la fortune
Décide ici qui sait le mieux de nous
Mettre à plaisir ses ennemis dessous,
Frapper d'estoc et pointer de sa lance.
Que de vous tous le plus ferme s'avance,
Qu'on entre en lice, et celui qui vaincra,
L'une des trois à son aise tiendra.
Le roi, piqué de cette offre cynique,
Veut l'en punir, s'avance, prend sa pique.
Dunois lui dit: Ah! laissez-moi, seigneur,
Venger mon prince, et des dames l'honneur.
Il dit, et court: la Trimouille l'arrête;
Chacun prétend à l'honneur de la fête.
L'ami Bonneau, toujours de bon accord,
Leur proposa de s'en remettre au sort;
Car c'est ainsi que les guerriers antiques
En ont usé dans les temps héroïques:
Même aujourd'hui, dans quelques républiques,
Plus d'un emploi, plus d'un rang glorieux
Se tire aux dés, et tout en va bien mieux:
Si j'osais même, en cette noble histoire
Citer des gens que tout mortel doit croire,
Je vous dirais que monsieur saint Mathias
Obtint ainsi la place de Judas.
Le gros Bonneau tient le cornet, soupire,
Craint pour son roi, prend les dés, roule, tire.
Denis, du haut du céleste rempart,

Voyait le tout d'un paternel regard,
Et, contemplant la Pucelle et son âne,
Il conduisait ce qu'on nomme hasard.
Il fut heureux; le sort échut à Jeanne.
Jeanne, c'était pour vous faire oublier
L'infâme jeu de ce grand cordelier
Qui ci-devant avait raflé vos charmes.
Jeanne à l'instant court au roi, court aux armes,
Modestement va derrière un buisson
Se délacer, détacher son jupon,
Et revêtir son armure sacrée
Qu'un écuyer tient déjà préparée;
Puis sur son âne elle monte en courroux,
Branlant sa lance et serrant les genoux.
Elle invoquait les onze mille belles,
Du pucelage héroïnes fidèles.
Pour Jean Chandos, cet indigne chrétien
Dans les combats n'invoquait jamais rien.
Jean contre Jeanne avec fureur s'avance:
Des deux côtés égale est la vaillance;
Anne et cheval bardés, coiffés de fer,
Sous l'éperon partent comme un éclair,
Vont se heurter, et de leur tête dure,
Front contre front fracassent leur armure;
La flamme en sort, et le sang du coursier
Teint les éclats du voltigeant acier;
Du choc affreux les échos retentissent;
Des deux coursiers les huit pieds rejaillissent;
Et les guerriers, du coup désarçonnés,
Tombent tous deux sur la croupe étonnés:
Ainsi qu'on voit deux boules suspendues
Aux bouts égaux de deux cordes tendues,
Dans une courbe au même instant partir,
Hâter leur cours, se heurter, s'aplatir,

Et remonter sous le choc qui les presse,
Multipliant leur poids par leur vitesse.
Chaque parti crut morts les deux coursiers
Et tressaillit pour les deux chevaliers.
Or, des Français la championne auguste
N'avait la chair si ferme, si robuste,
Les os si durs, les membres si dispos,
Si musculeux, que le fier Jean Chandos.
Son équilibre ayant dans cette rixe
Abandonné sa ligne et son point fixe,
Son quadrupède un haut-le-corps lui fit
Qui dans le pré Jeanne d'Arc étendit
Sur son beau dos, sur sa cuisse gentille,
Et comme il faut que tombe toute fille.
Chandos pensait qu'en ce grand désarroi
Il avait mis ou Dunois ou le roi.
Il veut soudain contempler sa conquête :
Le casque ôté, Chandos voit une tête
Où languissaient deux grands yeux noirs et longs;
De la cuirasse il défait les cordons :
Il voit, ô ciel! ô plaisir! ô merveille!
Deux gros tétons de figure pareille,
Unis, polis, séparés, demi-ronds,
Et surmontés de deux petits boutons
Qu'en sa naissance a la rose vermeille.
On tient qu'alors, en élevant la voix,
Il bénit Dieu pour la première fois :
Elle est à moi la Pucelle de France!
S'écria-t-il; contentons ma vengeance.
J'ai, grâce au ciel, doublement mérité
De mettre à bas cette fière beauté :
Que saint Denis me regarde et m'accuse ;
Mars et l'amour sont mes droits, et j'en use.
Son écuyer disait : Poussez, milord ;

Du trône anglais affermissez le sort;
Frère Lourdis en vain nous décourage;
Il jure en vain que ce saint pucelage
Est des Troyens le grand palladium,
Le bouclier sacré du Latium;
De la victoire il est, dit-il, le gage;
C'est l'oriflamme: il faut vous en saisir.
Oui, dit Chandos, et j'aurai pour partage
Les plus grands biens, la gloire et le plaisir.

Jeanne, pâmée, écoutait ce langage
Avec horreur, et faisait mille vœux
A saint Denis, ne pouvant faire mieux.
Le grand Dunois, d'un courage héroïque,
Veut empêcher le triomphe impudique;
Mais, comment faire? il faut dans tout l'État
Qu'on se soumette à la loi du combat.
Les fers en l'air et la tête penchée,
L'oreille basse et du choc écorchée,
Languissamment le céleste baudet
D'un œil confus Jean Chandos regardait:
Il nourrissait dès long-temps dans son âme
Pour la Pucelle une discrète flamme,
Des sentimens nobles et délicats
Très-peu connus des ânes d'ici bas.

Le confesseur du bon monarque Charle
Tremble en sa chair alors que Chandos parle;
Il craint surtout que son cher pénitent,
Pour soutenir la gloire de la France
Qu'on avilit avec tant d'impudence,
A son Agnès n'en veuille faire autant,
Et que la chose encor soit imitée
Par la Trimouille et par sa Dorothée.
Au pied d'un chêne il entre en oraison,
Et fait tout bas sa méditation.

Sur les effets, la cause, la nature
Du doux péché qu'aucuns nomment luxure.
En méditant avec attention,
Le benoît moine eut une vision
Assez semblable au prophétique songe
De ce Jacob, heureux par un mensonge,
Pate-pelu, dont l'esprit lucratif
Avait vendu ses lentilles en Juif:
Ce vieux Jacob, ô sublime mystère!
Devers l'Euphrate une nuit aperçut
Mille béliers qui grimpèrent en rut
Sur des brebis qui les laissèrent faire.
Le moine vit de plus plaisans objets:
Il vit courir à la même aventure
Tous les héros de la race future.
Il observait les différens attraits
De ces beautés qui, dans leur douce guerre,
Donnent des fers aux maîtres de la terre:
Chacune était auprès de son héros
Et l'enchaînait des chaînes de Paphos.
Tels, au retour de Flore et du Zéphyre,
Quand le printemps reprend son doux empire,
Tous ces oiseaux, peints de mille couleurs,
Par leurs amours agitent les feuillages:
Les papillons se baissent sur les fleurs,
Et les lions courent sous les ombrages
A leurs moitiés qui ne sont plus sauvages.
C'est là qu'il vit le beau François premier:
Ce brave roi, ce loyal chevalier,
Avec Étampe heureusement oublie
Les autres fers qu'il reçut à Pavie.
Là, Charles-Quint joint le myrte au laurier,
Sert à la fois la Flamande et la Maure.
Quels rois, ô ciel! l'un à ce beau métier

Gagne la goutte, et l'autre pis encore.
Près de Diane on voit danser les Ris,
Aux mouvemens que l'amour lui fait faire,
Quand dans ses bras tendrement elle serre,
En se pâmant, le second des Henris,
De Charles neuf le successeur volage
Quitte en riant sa Chloris pour un page
Sans s'alarmer des troubles de Paris.
Mais quel combat le jacobin vit rendre
Par Borgia, le sixième Alexandre!
En cent tableaux il est représenté :
Là, sans tiare et d'amour transporté,
Avec Vanose il se fait sa famille:
Un peu plus bas on voit sa sainteté
Qui s'attendrit pour Lucrèce sa fille.
O Léon dix! ô sublime Paul trois!
A ce beau jeu vous passiez tous les rois;
Mais vous cédez à mon grand Béarnois,
A ce vainqueur de la ligue rebelle,
A mon héros, plus connu mille fois
Par les plaisirs que goûta Gabrielle
Que par vingt ans de travaux et d'exploits.
Bientôt on voit le plus beau des spectacles,
Ce siècle heureux, ce siècle des miracles,
Ce grand Louis, cette superbe cour
Où tous les arts sont instruits par l'Amour.
L'Amour bâtit le superbe Versailles;
L'Amour aux yeux des peuples éblouis,
D'un lit de fleurs fait un trône à Louis :
Malgré les cris du fier dieu des batailles,
L'Amour, amène au plus beau des humains
De cette cour les rivales charmantes,
Toutes en feu, toutes impatientes;
De Mazarin la nièce aux yeux divins,

La généreuse et tendre la Vallière,
La Montespan, plus ardente et plus fière:
L'une se livre au moment de jouir,
Et l'autre attend le moment du plaisir.
Voici le temps de l'aimable régence,
Temps fortuné, marqué par la licence,
Où la folie agitant son grelot,
D'un pied léger parcourt toute la France,
Où nul mortel ne daigne être dévot,
Où l'on fait tout, excepté pénitence;
Le bon régent, de son palais royal,
Des voluptés donne à tous le signal:
Vous répondez à ce signal aimable,
Jeune Daphné, bel astre de la cour;
Vous répondez, du sein du Luxembourg,
Vous que Bacchus et le dieu de la table
Mènent au lit, escortés par l'amour.
Mais je m'arrête, et de ce dernier âge
Je n'ose en vers tracer la vive image:
Trop de péril suit ce charme flatteur:
Le temps présent est l'arche du Seigneur.
Qui la touchait d'une main trop hardie,
Puni du ciel, tombait en léthargie.
Je me tairai; mais, si j'osais pourtant,
O des beautés aujourd'hui la plus belle!
O tendre objet, noble, simple, touchant,
Et plus qu'Agnès généreuse et fidèle;
Si j'osais mettre à vos genoux charnus
Ce grain d'encens que l'on doit à Vénus!
Si de l'amour je déployais les armes,
Si je chantais ce tendre et doux lien,
Si je disais... non, je ne dirais rien;
Je serais trop au-dessous de vos charmes.
Dans son extase, enfin le moine noir

Vit à plaisir ce que je n'ose voir.
D'un œil avide, et toujours très-modeste,
Il contemplait le spectacle céleste
De ces beautés, de ces nobles amants,
De ces plaisirs défendus et charmants :
Hélas ! dit-il, si les grands de la terre
Font deux à deux cette éternelle guerre,
Si l'univers doit en passer par-là,
Dois-je gémir que Jean Chandos se mette
A deux genoux auprès de sa brunette ?
Du Seigneur Dieu la volonté soit faite !
Amen, amen. Il dit, et se pâma,
Croyant jouir de tout ce qu'il voit là.
   Mais saint Denis était loin de permettre
Qu'aux yeux du ciel Jean Chandos allât mettre
Et la Pucelle et la France aux abois.
Ami lecteur, vous avez quelquefois
Ouï conter qu'on nouait l'aiguillette.
C'est une étrange et terrible recette,
Et dont un saint ne doit jamais user
Que quand d'un autre il ne peut s'aviser :
D'un pauvre amant le feu se tourne en glace,
Vif et perclus, sans rien faire il se lasse,
Dans ses efforts étonné de languir,
Et consumé sur le bord du plaisir :
Telle une fleur, des feux du jour séchée,
La tête basse et la tige penchée,
Demande en vain les humides vapeurs
Qui lui rendaient la vie et les couleurs.
Voilà comment le bon Denis arrête
Le fier Anglais dans ses droits de conquête.
   Jeanne, échappant à son vainqueur confus,
Reprend ses sens quand il les a perdus ;
Puis, d'une voix imposante et terrible,

Elle lui dit : Tu n'es pas invincible ;
Tu vois qu'ici, dans le plus grand combat,
Dieu t'abandonne et ton cheval s'abat :
Dans l'autre un jour je vengerai la France ;
Denis le veut, et j'en ai l'assurance ;
Et je te donne, avec tes combattans,
Un rendez-vous sous les murs d'Orléans.
Le grand Chandos lui repartit : Ma belle,
Vous m'y verrez Pucelle, ou non pucelle,
J'aurai pour moi saint George le très-fort,
Et je promets de réparer mon tort.

FIN DU CHANT XIII.

CHANT XIV.

ARGUMENT.

Comment Jean Chandos veut abuser de la dévote Dorothée. Combat de la Trimouille et de Chandos ; ce fier Chandos est vaincu par Dunois.

O volupté, mère de la nature,
Belle Vénus, seule divinité
Que dans la Grèce invoquait Épicure,
Qui, du chaos chassant la nuit obscure,
Donnes la vie et la fécondité,
Le sentiment et la félicité.
A cette foule innombrable, agissante,
D'êtres mortels à ta voix renaissante ;
Toi que l'on peint désarmant dans tes bras
Le dieu du ciel et le dieu de la guerre,
Qui d'un sourire écartes le tonnerre,
Rends l'air serein, fais naître sous tes pas
Les doux plaisirs qui consolent la terre;
Descends des cieux, déesse des beaux jours,
Viens sur ton char entouré des Amours,
Que les Zéphirs ombragent de leurs ailes,
Que font voler tes colombes fidèles
En se baisant dans le vague des airs :
Viens échauffer et calmer l'univers,
Viens ; qu'à ta voix les Soupçons, les Querelles,
Le triste Ennui, plus détestable qu'elles,

La noire Envie, à l'œil louche et pervers,
Soient replongés dans le fond des enfers,
Et garrottés de chaînes éternelles;
Que tout s'enflamme et s'unisse à ta voix:
Que l'univers en aimant se maintienne.
Jetons au feu nos vains fatras de lois;
N'en suivons qu'une et que ce soit la tienne.
Tendre Vénus, conduis en sûreté
Le roi des Francs qui défend sa patrie.
Loin des périls conduis à son côté
La belle Agnès, à qui son cœur se fie:
Pour ces amans de bon cœur je te prie.
Pour Jeanne d'Arc je ne t'invoque pas:
Elle n'est pas encor sous ton empire:
C'est à Denis de veiller sur ses pas;
Elle est pucelle, et c'est lui qui l'inspire.
Je recommande à tes douces faveurs
Ce la Trimouille et cette Dorothée:
Verse la paix dans leurs sensibles cœurs;
De son amant que jamais écartée,
Elle ne soit exposée aux fureurs
Des ennemis qui l'ont persécutée.
Et toi, Comus, récompense Bonneau,
Répands tes dons sur ce bon Tourangeau
Qui sut conclure un accord pacifique
Entre son prince et ce Chandos cynique:
Il obtint d'eux avec dextérité
Que chaque troupe irait de son côté,
Sans nul reproche et sans nulles querelles,
A droite, à gauche, ayant la Loire entre elles:
Sur les Anglais il étendit ses soins,
Selon leurs goûts, leurs mœurs et leurs besoins;
Un gros rostbif, que le beurre assaisonne,
Des plumpuddings, des vins de la Garonne

Leur sont offerts ; et les mets plus exquis,
Les ragoûts fins dont le jus pique et flatte,
Et les perdrix à jambes d'écarlate,
Sont pour le roi, les belles, les marquis.
Le fier Chandos partit donc après boire,
Et côtoya les rives de la Loire,
Jurant tout haut que la première fois
Sur la Pucelle il reprendrait ses droits.
En attendant, il reprit son beau page.
Jeanne revint, ranimant son courage,
Se replacer à côté de Dunois.
Le roi des Francs avec sa garde bleue,
Agnès en tête, un confesseur en queue,
A remonté, l'espace d'une lieue,
Les bords fleuris où la Loire s'étend
D'un cours tranquille et d'un flot inconstant.
Sur des bateaux et des planches usées
Un pont joignait les rives opposées ;
Une chapelle était au bout du pont :
C'était dimanche. Un ermite à sandale
Fait résonner sa voix sacerdotale :
Il dit la messe ; un enfant la répond.
Charle et les siens ont eu soin de l'entendre
Dès le matin au château de Cutendre ;
Mais Dorothée en entendait toujours
Deux pour le moins, depuis qu'à son secours
Le juste ciel, vengeur de l'innocence,
Du grand bâtard employa la vaillance,
Et protégea ses fidèles amours.
Elle descend, se retrousse, entre vite,
Signe sa face en trois jets d'eau bénite,
Plie humblement l'un et l'autre genou,
Joint les deux mains, et baisse son beau cou.
Le bon ermite, en se tournant vers elle,

Tout ébloui, ne se connaissant plus,
Au lieu de dire un *Fratres, oremus*,
Roulant des yeux, dit: *Fratres*, qu'elle est belle!
Chandos entra dans la même chapelle,
Par passe-temps, beaucoup plus que par zèle.
La tête haute, il salue en passant
Cette beauté dévote à la Trimouille,
Passe, repasse, et toujours en sifflant;
Mais derrière elle enfin il s'agenouille,
Sans un seul mot de *Pater* ou d'*Ave*.
D'un cœur contrit au Seigneur élevé,
D'un air charmant, la tendre Dorothée
Se prosternait, par la grâce excitée,
Front contre terre et derrière levé:
Son court jupon, retroussé par mégarde,
Offrait aux yeux de Chandos, qui regarde,
A découvert deux jambes dont l'Amour
A dessiné la forme et le contour,
Jambes d'ivoire, et telles que Diane
En laissa voir au chasseur Actéon.
Chandos alors, faisant peu l'oraison,
Sentit au cœur un désir très-profane;
Sans nul respect pour un lieu si divin,
Il va glissant une insolente main
Sous le jupon qui couvre un blanc satin.
Je ne veux point, par un crayon cynique,
Effarouchant l'esprit sage et pudique
De mes lecteurs, étaler à leurs yeux
Du grand Chandos l'effort audacieux.
Mais la Trimouille ayant vu disparaître
Le tendre objet dont l'Amour le fit maître,
Vers la chapelle il adresse ses pas.
Jusqu'où l'Amour ne nous conduit-il pas!
La Trimouille entre au moment où le prêtre

Se retournait, où l'insolent Chandos
Était tout près du plus charmant des dos,
Où Dorothée, effrayée, éperdue,
Poussait des cris qui vont fendre la nue.
Je voudrais voir nos bons peintres nouveaux,
Sur cette affaire exerçant leurs pinceaux,
Peindre à plaisir sur ces quatre visages
L'étonnement des quatre personnages.
Le Poitevin criait à haute voix :
Oses-tu bien, chevalier discourtois,
Anglais sans frein, profanateur impie,
Jusqu'en ces lieux porter ton infamie?
D'un ton railleur où règne un air hautain,
Se rajustant et regagnant la porte,
Le fier Chandos lui dit : Que vous importe?
De cette église êtes-vous sacristain?
Je suis bien plus, dit le Français fidèle,
Je suis l'amant aimé de cette belle;
Ma coutume est de venger hautement
Son tendre honneur attaqué trop souvent.
Vous pourriez bien risquer ici le vôtre,
Lui dit l'Anglais : nous savons l'un et l'autre
Notre portée, et Jean Chandos peut bien
Lorgner un dos, mais non montrer le sien.
Le beau Français et le Breton qui raille,
Font préparer leurs chevaux de bataille;
Chacun reçoit des mains d'un écuyer
Sa longue lance et son rond bouclier,
Se met en selle, et, d'une course fière,
Passe, repasse et fournit sa carrière.
De Dorothée et les cris et les pleurs
N'arrêtaient point l'un ni l'autre adversaire.
Son tendre amant lui criait : Beauté chère,
Je cours pour vous, je vous venge ou je meurs.

Il se trompait ; sa valeur et sa lance
Brillaient en vain pour l'amour et la France.
Après avoir en deux endroits percé
De Jean Chandos le haubert fracassé,
Prêt à saisir une victoire sûre,
Son cheval tombe, et, sur lui renversé,
D'un coup de pied sur son casque faussé,
Lui fait au front une large blessure ;
Le sang vermeil coule sur la verdure,
L'ermite accourt ; il croit qu'il va passer,
Crie *In manus,* et le veut confesser.
Ah ! Dorothée ! ah ! douleur inouïe !
Auprès de lui sans mouvement, sans vie,
Ton désespoir ne pouvait s'exhaler,
Mais que dis-tu lorsque tu pus parler ?
« Mon cher amant ! c'est donc moi qui le tue !
De tous tes pas la compagne assidue
Ne devait pas un moment s'écarter ;
Mon malheur vient d'avoir pu te quitter.
Cette chapelle est ce qui m'a perdue,
Et j'ai trahi la Trimouille et l'amour
Pour assister à deux messes par jour. »
Ainsi parlait sa tendre amante en larmes.
Chandos riait du succès de ses armes.
« Mon beau Français, la fleur des chevaliers,
Et vous aussi, dévote Dorothée,
Couple amoureux, soyez mes prisonniers ;
De nos combats c'est la loi respectée.
J'eus un moment Agnès en mon pouvoir ;
Puis j'abattis sous moi votre Pucelle :
Je l'avouerai, je fis mal mon devoir,
J'en ai rougi ; mais avec vous, la belle,
Je reprendrai tout ce que je perdis ;
Et la Trimouille en dira son avis. »

Le Poitevin, Dorothée et l'ermite,
Tremblaient tous trois à ce propos affreux;
Ainsi qu'on voit au fond des antres creux
Une bergère éplorée, interdite,
Et son troupeau que la crainte a glacé,
Et son beau chien par un loup terrassé.
Le juste ciel, tardif en sa vengeance,
Ne souffrit pas cet excès d'insolence.
De Jean Chandos les péchés redoublés,
Filles, garçons tant de fois violés,
Impiétés, blasphême, impénitence,
Tout en son temps fut mis dans la balance,
Et fut pesé par l'ange de la mort.
Le grand Dunois avait de l'autre bord
Vu le combat et la déconvenue
De la Trimouille; une femme éperdue
Qui le tenait languissant dans ses bras,
L'ermite auprès qui marmotte tout bas,
Et Jean Chandos qui près d'eux caracole:
A ces objets il pique, il court, il vole.
C'était alors l'usage en Albion
Qu'on appelât les choses par leur nom.
Déjà, du pont franchissant la barrière,
Vers le vainqueur il s'était avancé:
Fils de putain, nettement prononcé,
Frappe au tympan de son oreille altière.
Oui, je le suis, dit-il d'une voix fière;
Tel fut Alcide et le divin Bacchus,
L'heureux Persée et le grand Romulus,
Qui des brigands ont délivré la terre;
C'est en leur nom que j'en vais faire autant.
Va, souviens-toi que d'un bâtard normand
Le bras vainqueur a soumis l'Angleterre:
O vous, bâtards du maître du tonnerre,

Guidez ma lance et conduisez mes coups!
L'honneur le veut; vengez-moi, vengez-vous.
Cette prière était peu convenable;
Mais le héros savait très-bien la fable :
Pour lui la Bible eut des charmes moins doux.
Il dit et part. La molette dorée
Des éperons armés de courtes dents
De son coursier pique les nobles flancs:
Le premier coup de sa lance acérée
Fend de Chandos l'armure diaprée,
Et fait tomber une part du collet
Dont l'acier joint le casque au corselet.
Le brave Anglais porte un coup effroyable;
Du bouclier la voûte impénétrable
Reçoit le fer qui s'écarte en glissant.
Les deux guerriers se joignent en passant;
Leur force augmente ainsi que leur colère,
Chacun saisit son robuste adversaire.
Les deux coursiers sous eux se dérobans,
Débarrassés de leurs fardeaux brillans,
S'en vont en paix errer dans les campagnes.
Tels que l'on voit dans d'affreux tremblemens
Deux gros rochers détachés des montagnes,
Avec grand bruit l'un sur l'autre roulans;
Ainsi tombaient ces deux fiers combattans,
Frappant la terre et tous deux se serrans;
Du choc bruyant les échos retentissent,
L'air s'en émeut, les nymphes en gémissent.
Ainsi, quand Mars, suivi par la terreur,
Couvert de sang, armé par la fureur,
Du haut des cieux descendait pour défendre
Les habitans des rives du Scamandre,
Et quand Pallas animait contre lui
Cent rois ligués dont elle était l'appui,

La terre entière en était ébranlée;
De l'Achéron la rive était troublée,
Et, pâlissant sur les horribles bords,
Pluton tremblait pour l'empire des morts.
Les deux héros fièrement se relèvent,
Les yeux en feu se regardent, s'observent *,
Tirent leur sabre, et sous cent coups divers
Rompent l'acier dont tous deux sont couverts.
Déjà le sang coulant de leurs blessures
D'un rouge noir avait teint leurs armures.
Les spectateurs en foule se pressants
Faisaient un cercle autour des combattants,
Le cou tendu, l'œil fixe, sans haleine,
N'osant parler, et remuant à peine :
On en vaut mieux quand on est regardé;
L'œil du public est aiguillon de gloire.
Les champions n'avaient que préludé
A ce combat d'éternelle mémoire.
Achille, Hector, et tous les demi-dieux,
Les grenadiers, bien plus terribles qu'eux,
Et les lions, beaucoup plus redoutables,
Sont moins cruels, moins fiers, moins implacables,
Moins acharnés. Enfin l'heureux bâtard
Se ranimant, joignant la force à l'art,
Saisit le bras de l'Anglais qui s'égare,
Fait d'un revers voler son fer barbare,
Puis d'une jambe avancée à propos

---

* Ces deux vers ne riment point ensemble : c'est une inadvertance échappée à Voltaire, comme nous en sommes convaincus par deux manuscrits que nous avons sous les yeux, et dont l'un est écrit de sa propre main.

Sur l'herbe rouge étend le grand Chandos;
Mais en tombant son ennemi l'entraîne;
Couverts de poudre ils roulent dans l'arène,
L'Anglais dessous, et le Français dessus.
Le doux vainqueur, dont les nobles vertus
Guident le cœur quand son sort est prospère,
De son genou pressant son adversaire :
Rends-toi, dit-il. Oui, dit Chandos, attends;
Tiens, c'est ainsi, Dunois, que je me rends.
Tirant alors, pour ressource dernière,
Un stylet court, il étend en arrière
Son bras nerveux, le ramène en jurant,
Et frappe au cou son vainqueur bienfaisant;
Mais une maille en cet endroit entière
Fit émousser la pointe meurtrière.
Dunois alors cria : Tu veux mourir,
Meurs, scélérat; et, sans plus discourir,
Il vous lui plonge, avec peu de scrupule,
Son fer sanglant devers la clavicule.
Chandos mourant, se débattant en vain,
Disait encor tout bas : Fils de putain!
Son cœur altier, inhumain, sanguinaire,
Jusques au bout garda son caractère;
Ses yeux, son front, pleins d'une sombre horreur;
Son geste encor, menaçaient son vainqueur :
Son âme impie, inflexible, implacable,
Dans les enfers alla braver le diable.
Ainsi finit comme il avait vécu
Ce dur Anglais par un Français vaincu.
Le beau Dunois ne prit point sa dépouille;
Il dédaignait ces usages honteux,
Trop établis chez les Grecs trop fameux :
Tout occupé de son cher la Trimouille,
Il le ramène, et deux fois son secours

De Dorothée ainsi sauva les jours.
Dans le chemin elle soutient encore
Son tendre amant, qui, de ses mains pressé,
Semble revivre, et n'être plus blessé
Que de l'éclat de ces yeux qu'il adore,
Il les regarde et reprend sa vigueur.
Sa belle amante, au sein de la douleur,
Sentit alors le doux plaisir renaître :
Les agréments d'un sourire enchanteur
Parmi ses pleurs commençaient à paraître,
Ainsi qu'on voit un nuage éclairé
Des doux rayons d'un soleil tempéré.
  Le roi gaulois, sa maîtresse charmante,
L'illustre Jeanne, embrassent tour à tour
L'heureux Dunois, dont la main triomphante
Avait vengé son pays et l'amour :
On admirait surtout sa modestie
Dans son maintien, dans chaque repartie.
Il est aisé, mais il est beau pourtant
D'être modeste alors que l'on est grand.
  Jeanne étouffait un peu de jalousie;
Son cœur tout bas se plaignait du destin :
Il lui fâchait que sa pucelle main
Du mécréant n'eût pas tranché la vie,
Se souvenant toujours du double affront
Qui vers Cutendre a fait rougir son front,
Quand, par Chandos au combat provoquée;
Elle se vit abattue et manquée.

FIN DU CHANT XIV.

CHANT XV.

ARGUMENT.

Grand repas à l'hôtel de ville d'Orléans, suivi d'un assaut général. Charles attaque les Anglais. Ce qui arrive à la belle Agnès et à ses compagnons de voyage.

Censeurs malins, je vous méprise tous;
Car je connais mes défauts mieux que vous.
J'aurais voulu dans cette belle histoire,
Écrite en or au temple de mémoire,
Ne présenter que des faits éclatants,
Et couronner mon roi dans Orléans
Par la Pucelle, et l'amour, et la gloire.
Il est bien dur d'avoir perdu mon temps
A vous parler de Cutendre et d'un page,
De Grisbourdon, de sa lubrique rage,
D'un muletier et de tant d'accidents
Qui font grand tort au fil de mon ouvrage.
Mais vous savez que ces événements
Furent écrits par Tritême le sage;
Je le copie, et n'ai rien inventé;
Dans ces détails si mon lecteur s'enfonce,
Si quelquefois sa dure gravité
Juge mon sage avec sévérité,
A certains traits si le sourcil lui fronce,
Il peut, s'il veut, passer la pierre-ponce

Sur la moitié de ce livre enchanté;
Mais qu'il respecte au moins la vérité.
O Vérité! vierge pure et sacrée,
Quand seras-tu dignement révérée?
Divinité, qui seule nous instruis,
Pourquoi mets-tu ton palais dans un puits?
Du fond du puits quand seras-tu tirée?
Quand verrons-nous nos doctes écrivains,
Exempts de fiel, libres de flatterie,
Fidèlement nous apprendre la vie,
Les grands exploits de nos beaux paladins?
Oh! qu'Arioste étala de prudence
Quand il cita l'archevêque Turpin!
Ce témoignage à son livre divin
De tout lecteur attire la croyance.
Tout inquiet encor de son destin,
Vers Orléans Charle était en chemin,
Environné de sa troupe dorée,
D'armes, d'habits richement décorée,
Et demandant à Dunois des conseils,
Ainsi que font tous les rois ses pareils,
Dans le malheur dociles et traitables,
Dans la fortune un peu moins praticables.
Charles croyait qu'Agnès et Bonifoux
Suivaient de loin : plein d'un espoir si doux,
L'amant royal souvent tourne la tête
Pour voir Agnès, et regarde, et s'arrête,
Et quand Dunois, préparant ses succès,
Nomme Orléans, le roi lui nomme Agnès.
L'heureux bâtard, dont l'active prudence
Ne s'occupait que du bien de la France,
Le jour baissant, découvre un petit fort
Que négligeait le bon duc de Bedfort;
Ce fort touchait à la ville investie :

Dunois le prend ; le roi s'y fortifie.
Des assiégeans c'étaient les magasins :
Le dieu sanglant qui donne la victoire,
Le dieu joufflu qui préside aux festins,
D'emplir ces lieux se disputaient la gloire,
L'un, de canons, et l'autre, de bons vins :
Tout l'appareil de la guerre effroyable,
Tous les apprêts des plaisirs de la table,
Se rencontraient dans ce petit château :
Quels vrais succès pour Dunois et Bonneau !
  Tout Orléans à ces grandes nouvelles
Rendit à Dieu des grâces solennelles ;
Un *Te Deum* en faux-bourdon chanté
Devant les chefs de la noble cité,
Un long dîner, où le juge et le maire,
Chanoine, évêque, et guerrier invité,
Le verre en main tombèrent tous par terre ;
Un feu sur l'eau, dont les brillans éclairs
Dans la nuit sombre illuminaient les airs ;
Les cris du peuple, et le canon qui gronde,
Avec fracas annoncèrent au monde
Que le roi Charle, à ses sujets rendu,
Va retrouver tout ce qu'il a perdu.
  Ces chants de gloire et ces bruits d'allégresse
Furent suivis par des cris de détresse ;
On n'entend plus que le nom de Bedfort,
Alerte ! aux murs ! à la brèche ! à la mort !
L'Anglais usait de ces momens propices
Où nos bourgeois, en vidant les flacons,
Louaient leur prince, et dansaient aux chansons.
Sous une porte on plaça deux saucisses,
Non de boudins, non telles que Bonneau
En inventa pour un ragoût nouveau,
Mais saucisson dont la poudre fatale

Se dilatant, s'enflant avec éclair,
Renverse tout, confond la terre et l'air,
Machine affreuse, homicide, infernale,
Qui contenait dans son ventre de fer
Ce feu pétri des mains de Lucifer :
Par une mèche artistement posée,
En un moment, la matière embrasée
S'étend, s'élève, et porte à mille pas
Bois, gonds, battans et ferrure en éclats.
Le fier Talbot entre et se précipite;
Fureur, succès, gloire, amour, tout l'excite;
On voit de loin briller sur son armet
En or frisé le chiffre de Louvet :
Car la Louvet était toujours la dame
De ses pensers, et piquait sa grande âme;
Il prétendait caresser ses beautés
Sur les débris des murs ensanglantés.
   Ce beau Breton, cet enfant de la guerre,
Conduit sous lui les braves d'Angleterre :
Allons, dit-il, généreux conquérans,
Portons partout et le fer et les flammes,
Buvons le vin des poltrons d'Orléans,
Prenons leur or, baisons toutes leurs femmes.
Jamais César, dont les traits éloquens
Portaient l'audace et l'honneur dans les âmes,
Ne parla mieux à ses fiers combattans.
   Sur ce terrain, que la porte enflammée
Couvre en sautant d'une épaisse fumée,
Est un rempart que la Hire et Poton
Ont élevé de pierre et de gazon,
Un parapet, garni d'artillerie,
Pour repousser la première furie,
Les premiers coups du terrible Bedford.
   Poton, la Hire, y paraissent d'abord;

Un peuple entier derrière eux s'évertue;
Le canon gronde, et l'horrible mot *tue*
Est répété quand les bouches d'enfer
Sont en silence et ne troublent plus l'air.
Vers le rempart les échelles dressées
Portent déjà cent cohortes pressées;
Et le soldat, le pied sur l'échelon,
Le fer en main, pousse son compagnon.
   Dans ce péril ni Poton ni la Hire
N'ont oublié leur esprit qu'on admire:
Avec prudence ils avaient tout prévu,
Avec adresse à tout ils ont pourvu,
L'huile bouillante et la poix embrasée,
De pieux pointus une forêt croisée,
De larges faux, que leur tranchant effort
Fait ressembler à la faux de la mort,
Et des mousquets qui lancent les tempêtes
De plomb volant sur les bretonnes têtes,
Tout ce que l'art, et la nécessité,
Et le malheur, et l'intrépidité,
Et la peur même, ont pu mettre en usage,
Est employé dans ce jour de carnage.
Que de Bretons bouillis, coupés, percés,
Mourans en foule et par rangs entassés!
Ainsi qu'on voit sous cent mains diligentes
Choir les épis des moissons jaunissantes.
   Mais cet assaut fièrement se maintient;
Plus il en tombe, et plus il en revient.
De l'hydre affreux les têtes menaçantes,
Tombant à terre et toujours renaissantes,
N'effrayaient point le fils de Jupiter:
Ainsi l'Anglais, dans les feux, sous le fer,
Après sa chute encor plus formidable,
Brave en mourant le nombre qui l'accable.

Tu t'avançais sur ces remparts sanglans,
Fier Richemont, digne espoir d'Orléans:
Cinq cents bourgeois, gens de cœur et d'élite,
En chancelant marchent sous sa conduite,
Enluminés du gros vin qu'ils ont bu ;
Sa sève encore animait leur vertu;
Et Richemont criait d'une voix forte :
Pauvres bourgeois, vous n'avez plus de porte;
Mais vous m'avez, il suffit, combattons.
Il dit, et vole au milieu des Bretons.
Déjà Talbot s'était fait un passage
Au haut du mur, et déjà, dans sa rage,
D'un bras terrible il porte le trépas;
Il fait de l'autre avancer ses soldats,
Criant *Louvet* d'une voix stentorée :
Louvet l'entend, et s'en tient honorée.
Tous les Anglais criaient aussi *Louvet*,
Mais sans savoir ce que Talbot voulait.
O sots humains! on sait trop vous apprendre
A répéter ce qu'on ne peut comprendre.
Charle, en son fort tristement retiré,
D'autres Anglais par malheur entouré,
Ne peut marcher vers la ville attaquée.
D'accablement son âme est suffoquée:
Quoi! disait-il, ne pouvoir secourir
Mes chers sujets que mon œil voit périr!
Ils ont chanté le retour de leur maître :
J'allais entrer, et combattre, et peut-être
Les délivrer des Anglais inhumains;
Le sort cruel enchaîne ici mes mains.
Non, lui dit Jeanne, il est temps de paraître;
Venez, mettez, en signalant vos coups,
Ces durs Bretons entre Orléans et vous :
Marchez, mon prince, et vous sauvez la ville;

Nous sommes peu, mais vous en valez mille.
Charles lui dit : Quoi ! vous savez flatter !
Je vaux bien peu ; mais je vais mériter
Et votre estime, et celle de la France,
Et des Anglais. Il dit, pique et s'avance :
Devant ses pas l'oriflamme est porté ;
Jeanne et Dunois volent à son côté ;
Il est suivi de ses gens d'ordonnance ;
Et l'on entend à travers mille cris :
Vive le roi ! Montjoie et saint Denis !
Charles, Dunois, et la Barroise altière
Sur les Bretons s'élancent par derrière :
Tels que des monts qui tiennent dans leur sein
Les réservoirs du Danube et du Rhin,
L'aigle superbe, aux ailes étendues,
Aux yeux perçans, aux huit griffes pointues,
Planant dans l'air, tombe sur des faucons
Qui s'acharnaient sur le cou des hérons.
Ce fut alors que l'audace anglicane,
Semblable au fer sur l'enclume battu,
Qui de sa trempe augmente la vertu,
Repoussa bien la valeur gallicane.
Les voyez-vous ces enfans d'Albion,
Et ces soldats des fils de Clodion ?
Fiers, enflammés, de sang insatiables,
Ils ont volé comme un vent dans les airs :
Dès qu'ils sont joints, ils sont inébranlables,
Comme un rocher sous l'écume des mers.
Pied contre pied, aigrette contre aigrette,
Main contre main, œil contre œil, corps à corps,
En jurant Dieu, l'un sur l'autre on se jette,
Et l'un sur l'autre on voit tomber les morts.
Oh ! que ne puis-je en grands vers magnifiques
Écrire au long tant de faits héroïques !

Homère seul a le droit de conter
Tous les exploits, toutes les aventures,
De les entendre, et de les répéter,
De supputer les coups et les blessures,
Et d'ajouter aux grands combats d'Hector
De grands combats, et des combats encor;
C'est là sans doute un sûr moyen de plaire.
Mais je ne puis me résoudre à vous taire
D'autres dangers, dont le destin cruel
Circonvenait la belle Agnès Sorel
Quand son amant s'avançait vers la gloire.
Dans le chemin, sur les rives de Loire,
Elle entretient le père Bonifoux,
Qui, toujours sage, insinuant et doux,
Du tentateur lui contait quelque histoire
Divertissante, et sans réflexions,
Sous l'agrément déguisant ses leçons:
A quelques pas la Trimouille et sa dame
S'entretenaient de leur fidèle flamme,
Et du dessein de vivre ensemble un jour
Dans leur château, tout entiers à l'amour.
Dans leur chemin, la main de la nature
Tend sous leurs pieds un tapis de verdure,
Velours uni, semblable au pré fameux
Où s'exerçait la rapide Atalante.
Sur le duvet de cette herbe naissante
Agnès approche et chemine avec eux.
Le confesseur suivit la belle errante.
Tous quatre allaient, tenant de beaux discours
De piété, de combats et d'amours;
Sur les Anglais, sur le diable on raisonne.
En raisonnant on ne voit plus personne;
Chacun fondait doucement, doucement,
Homme et cheval, sous le terrain mouvant.

D'abord les pieds, puis le corps, puis la tête,
Tout disparut ainsi qu'à cette fête
Qu'en un palais d'un auteur cardinal
Trois fois au moins par semaine on apprête,
A l'opéra souvent joué si mal,
Plus d'un héros à nos regards échappe,
Et dans l'enfer descend par une trappe.
Ils tombent tous dans un grand souterrain
Qui conduisait aux portes d'un jardin,
Tel que n'en eut Louis le quatorzième,
Aïeul d'un roi qu'on méprise et qu'on aime;
Et le jardin conduisait au château,
Digne en tout sens de ce jardin si beau :
C'était... mon cœur à ce seul mot soupire,
D'Hermaphrodix le formidable empire.
O Dorothée, Agnès, et Bonifoux,
Qu'allez-vous faire, et que deviendrez-vous?

FIN DU CHANT XV.

CHANT XVI.

ARGUMENT.

Comment saint Pierre apaisa saint George et saint Denis, et comment il promit un beau prix à celui des deux qui lui apporterait la meilleure ode. Mort de la belle Rosamore.

Palais des cieux, ouvrez-vous à ma voix :
Êtres brillans, aux six ailes légères,
Dieux emplumés, dont les mains tutélaires
Font les destins des peuples et des rois ;
Vous qui cachez, en étendant vos ailes,
Des derniers cieux les splendeurs éternelles,
Daignez un peu vous ranger de côté :
Laissez-moi voir, en cette horrible affaire,
Ce qui se passe au fond du sanctuaire,
Et pardonnez ma curiosité.
Cette prière est de l'abbé Tritême ;
Non pas de moi ; car mon œil effronté
Ne peut percer jusqu'à la cour suprême ;
Je n'aurais pas tant de témérité.
Le dur saint George, et Denis, notre apôtre,
Étaient au ciel enfermés l'un et l'autre ;
Ils voyaient tout, mais ils ne pouvaient pas
Prêter leurs mains aux terrestres combats ;
Ils cabalaient : c'est tout ce qu'on peut faire,
Et ce qu'on fait quand on est à la cour.

George et Denis s'adressent tour à tour,
Dans l'empyrée, au bon monsieur saint Pierre.
Ce grand portier, dont le pape est vicaire,
Dans ses filets enveloppant le sort,
Sous ses deux clefs tient la vie et la mort.
Pierre leur dit: Vous avez pu connaître,
Mes chers amis, quel affront je reçus
Quand je remis une oreille à Malchus:
Je me souviens de l'ordre de mon maître;
Il fit rentrer mon fer dans son fourreau;
Il m'a privé du droit brillant des armes:
Mais j'imagine un moyen tout nouveau
Pour décider de vos grandes alarmes.
Vous, saint Denis, prenez dans ce canton
Les plus grands saints qu'ait vus naître la France:
Vous, monsieur George, allez en diligence
Prendre les saints de l'île d'Albion.
Que chaque troupe en ce moment compose
Un hymne en vers, non pas une ode en prose.
Houdart a tort; il faut dans ces hauts lieux
Parler toujours le langage des dieux;
Qu'on fasse, dis-je, une ode pindarique,
Où le poète exalte mes vertus,
Ma primauté, mes droits, mes attributs,
Et que le tout soit mis vite en musique:
Chez les mortels il faut toujours du temps
Pour rimailler des vers assez méchans:
On va plus vite au séjour de la gloire.
Allez, vous dis-je, exercez vos talens;
La meilleure ode obtiendra la victoire:
Et vous ferez le sort des combattans.
Ainsi parla du plus haut de son trône
Aux deux rivaux l'infaillible Barjône;
Cela fut dit en deux mots tout au plus:

Le laconisme est langue des élus.
En un clin-d'œil les deux rivaux célestes,
Pour terminer leurs querelles funestes,
Vont assembler les saints de leurs pays,
Qui sur la terre ont été beaux esprits.
  Le bon patron qu'on révère à Paris
Fit aussitôt seoir à sa table ronde
Saint Fortunat, peu connu dans le monde,
Et qui passait pour l'auteur du *Pange ;*
Et saint Prosper, d'épithètes chargé,
Quoiqu'un peu dur et qu'un peu janséniste :
Il mit aussi Grégoire dans sa liste,
Le grand Grégoire, évêque tourangeau,
Cher au pays qui vit naître Bonneau,
Et saint Bernard, fameux par l'antithèse,
Qui dans son temps n'avait pas son pareil ;
Et d'autres saints pour servir de conseil.
Sans prendre avis, il est rare qu'on plaise.
  George, en voyant tous ces soins de Denis,
Le regardait d'un dédaigneux souris ;
Il avisa dans le sacré pourpris
Un saint Austin, prêcheur de l'Angleterre ;
Puis en ces mots il lui dit son avis :
  Bon homme Austin, je suis né pour la guerre,
Non pour les vers, dont je fais peu de cas ;
Je sais brandir mon large cimeterre,
Pourfendre un buste, et casser tête et bras ;
Tu sais rimer : travaille, versifie,
Soutiens en vers l'honneur de la patrie.
Un seul Anglais, dans les champs de la mort,
De trois Français triomphe sans effort.
Nous avons vu devers la Normandie,
Dans le haut Maine, en Guienne, en Picardie,
Ces beaux messieurs aisément mis à bas :

Si pour frapper nous avons meilleurs bras,
Crois, en fait d'hymne, et d'ode, et d'œuvre telle,
Quand il s'agit de penser, de rimer,
Que nous avons non moins bonne cervelle.
Travaille, Austin, cours en vers t'escrimer.
Je veux que Londre ait à jamais l'empire
Dans les deux arts de bien faire et bien dire.
Denis ameute un tas de rimailleurs
Qui tous ensemble ont très-peu de génie;
Travaille seul : tu sais tes vieux auteurs,
Courage, allons, prend ta harpe bénie,
Et moque-toi de son académie.
Le bon Austin, de cet emploi chargé,
Le remercie en auteur protégé.
Denis et lui dans un réduit commode
Vont se tapir, et chacun fit son ode.
Quand tout fut fait, les brûlans séraphins,
Les gros joufflus, têtes de chérubins,
Près de Barjône en deux rangs se perchèrent,
Au-dessous d'eux les anges se nichèrent,
Et tous les saints, soigneux de s'arranger,
Sur les gradins s'assirent pour juger.
Austin commence : il chantait les prodiges
Qui de l'Egypte endurcirent les cœurs;
Ce grand Moïse et ses imitateurs
Qui l'égalaient dans ses divins prestiges;
Les flots du Nil, jadis si bienfaisans,
D'un sang affreux dans leur course écumans,
Du noir limon les venimeux reptiles
Changés en verge, et la verge en serpens;
Le jour en nuit; les déserts et les villes,
De moucherons, de vermine couverts;
La rogne aux os, la foudre dans les airs;
Les premiers-nés d'une race rebelle

Tous égorgés par l'ange du Seigneur,
L'Egypte en deuil, et le peuple fidèle
De ses patrons emportant la vaisselle,
Et par le vol méritant son bonheur;
Ce peuple errant pendant quarante années :
Vingt mille Juifs égorgés pour un veau;
Vingt mille encore envoyés au tombeau
Pour avoir eu des amours fortunées;
Et puis Aod, ce Ravaillac hébreu,
Assassinant son maître au nom de Dieu;
Et Samuel, qui d'une main divine
Prend sur l'autel un couteau de cuisine,
Et bravement met Agag en hachis;
Car cet Agag était incirconcis;
Puis la beauté qui, sauvant Béthulie,
Si purement de son corps fit folie;
Le bon Baza qui massacra Nadad;
Et puis Achab mourant comme un impie,
Pour n'avoir pas égorgé Benhadad,
Le roi Joas meurtri par Josabad,
Fils d'Atrobad, et la reine Athalie,
Si méchamment mise à mort par Joad.
Longuette fut la triste litanie;
Ces beaux récits étaient entrelacés
De ces grands traits si chers aux temps passés;
On y voyait le soleil se dissoudre,
La mer fuyant, la lune mise en poudre,
Le monde en feu qui toujours tressaillait,
Dieu qui cent fois en fureur s'éveillait :
Des flots de sang, des tombeaux, des ruines;
Et cependant près des eaux argentines
Le lait coulait sous de verts oliviers,
Les monts sautaient tout comme des béliers,
Et les béliers tout comme des collines.

Le bon Austin célébrait le Seigneur
Qui menaçait le Chaldéen vainqueur,
Et qui laissait son peuple en esclavage :
Mais des lions brisant toujours les dens,
Sous ses deux pieds écrasant les serpens,
Parlant au Nil, et suspendant la rage
Des basilics et des léviatans.
Austin finit. Sa pindarique ivresse
Fit élever parmi les bienheureux
Un bruit confus, un murmure douteux,
Qui n'était pas en faveur de la pièce.
Denis se lève, et baissant ses doux yeux;
Puis les levant avec un air modeste,
Il salua l'auditoire céleste,
Parut surpris de leurs traits radieux;
Et finement sa pudeur semblait dire :
Encouragez celui qui vous admire.
Il salua trois fois très-humblement
Les conseillers, le premier président;
Puis il chanta d'une voix douce et tendre
Cet hymne adroit que vous allez entendre :
O Pierre! ô Pierre! ô toi sur qui Jésus
Daigna fonder son Eglise immortelle,
Portier des cieux, pasteur de tout fidèle,
Maître des rois à tes pieds confondus,
Docteur divin, prêtre saint, tendre père,
Auguste appui de nos rois très-chrétiens,
Etends sur eux ta faveur salutaire :
Leurs droits sont purs, et ces droits sont les tiens.
Le pape à Rome est maître des couronnes :
Aucun n'en doute; et si ton lieutenant
A qui lui plaît fait ce petit présent,
C'est en ton nom, car c'est toi qui les donnes.
Hélas! hélas! nos gens de parlement

Ont banni Charle : ils ont impudemment
Mis sur le trône une race étrangère ;
On ôte au fils l'héritage du père.
Divin portier, oppose tes bienfaits
A cette audace, à dix ans de misère ;
Rends-nous les clefs de la cour du palais.
C'est sur ce ton que saint Denis prélude ;
Puis il s'arrête : il lit avec étude,
Du coin de l'œil, dans les yeux de Céphas,
En affectant un secret embarras.
Céphas content fit voir sur son visage
De l'amour-propre un secret témoignage ;
Et, rassurant les esprits interdits
Du chantre habile, il dit dans son langage :
Cela va bien, continuez, Denis.
  L'humble Denis repart avec prudence :
Mon adversaire a pu charmer les cieux ;
Il a chanté le dieu de la vengeance,
Je vais bénir le dieu de la clémence :
Haïr est bon, mais aimer vaut bien mieux.
  Denis alors d'une voix assurée
En vers heureux chanta le bon berger
Qui va cherchant sa brebis égarée,
Et sur son dos se plaît à la charger ;
Le bon fermier dont la main libérale
Daigne payer l'ouvrier négligent
Qui vient trop tard, afin que, diligent,
Il vienne ouvrer dès l'aube matinale ;
Le bon patron qui, n'ayant que cinq pains
Et trois poissons, nourrit cinq mille humains ;
Le bon prophète, encor plus doux qu'austère,
Qui donne grâce à la femme adultère,
A Madeleine, et permet que ses pieds
Soient gentiment par la belle essuyés.

(Par Madeleine Agnès est figurée.)
Denis a pris ce délicat détour,
Il réussit; la grand'chambre éthérée
Sentit le trait, et pardonna l'amour.
Du doux Denis l'ode fut bien reçue;
Elle eut le prix, elle eut toutes les voix.
Du saint anglais l'audace fut déçue:
Austin rougit, il fuit en tapinois;
Chacun en rit; le paradis le hue.
Tel fut hué dans les murs de Paris
Un pédant sec, à face de Thersite,
Vil délateur, insolent hypocrite,
Qui fut payé de haine et de mépris,
Quand il osa, dans ses phrases vulgaires,
Flétrir les arts et condamner nos frères.
Pierre à Denis donna deux beaux *agnus*:
Denis les baise; et soudain l'on ordonne,
Par un arrêt signé de douze élus,
Qu'en ce grand jour les Anglais soient vaincus
Par les Français et par Charle en personne.
En ce moment la barroise amazone
Vit dans les airs, dans un nuage épais,
De son grison la figure et les traits,
Comme un soleil, dont souvent un nuage
Reçoit l'empreinte et réfléchit l'image.
Elle cria: Ce jour est glorieux;
Tout est pour nous, mon âne est dans les cieux.
Bedfort, surpris de ce prodige horrible,
Déjà s'arrête et n'est plus invincible;
Il lit au ciel, d'un regard consterné,
Que de saint George il est abandonné:
L'Anglais surpris, croyant voir une armée,
Descend soudain de la ville alarmée.
Tous les bourgeois, devenus valeureux,

Les voyant fuir, descendent après eux.
Charles plus loin, entouré de carnage,
Jusqu'à leur camp se fait un beau passage.
Les assiégeans à leur tour assiégés,
En tête, en queue, assaillis, égorgés,
Tombent en foule au bord de leurs tranchées,
D'armes, de morts et de mourans jonchées.
C'est en ces lieux, c'est dans ce champ mortel
Que tu venais exercer ta vaillance,
O dur Anglais! ô Christophe Arondel!
Ton maintien sec, ta froide indifférence,
Donnaient du prix à ton courage altier.
Sans dire un mot, ce sourcilleux guerrier
Examinait comme on se bat en France;
Et l'on eût dit, à son air d'importance,
Qu'il était là pour se désennuyer.
Sa Rosamore, à ses pas attachée,
Est comme lui de fer enharnachée,
Tel qu'un beau page ou qu'un jeune écuyer;
Son casque est d'or, sa cuirasse est d'acier;
D'un perroquet la plume panachée
Au gré des vents ombrage son cimier:
Car, dès ce jour où son bras meurtrier
A, dans son lit, décollé Martinguerre,
Elle se plaît tout-à-fait à la guerre;
On croirait voir la superbe Pallas
Quittant l'aiguille et marchant aux combats,
Ou Bradamante, ou bien Jeanne elle-même.
Elle parlait au voyageur qu'elle aime,
Et lui montrait les plus grands sentimens,
Lorsqu'un démon, trop funeste aux amans,
Pour leur malheur, vers Arondel attire
Le dur Poton et le jeune la Hire,
Et Richemont qui n'a pitié de rien.

Poton, voyant le grave et fier maintien
De notre Anglais, tout indigné s'élance
Sur le causeur, et, d'un grand coup de lance,
Qui par le flanc sort au milieu du dos,
D'un sang trop froid lui fit verser des flots;
Il tombe et meurt; et la lance cassée
Roule avec lui dans son corps enfoncée.
A ce spectacle, à ce moment affreux,
On ne vit point la belle Rosamore
Se renverser sur l'amant qu'elle adore,
Ni s'arracher l'or de ses blonds cheveux,
Ni remplir l'air de ses cris douloureux,
Ni s'emporter contre la Providence;
Point de soupirs; elle cria : Vengeance!
Et dans l'instant que Poton se baissait,
En ramassant son fer qui se cassait,
Ce bras tout nu, ce bras dont la puissance
Avait d'un coup séparé, dans son lit,
Un chef grison du cou d'un vieux bandit,
Tranche à Poton la main trop redoutable,
Cette main droite à ses yeux si coupable,
Les nerfs cachés sous la peau des cinq doigts
Les font mouvoir pour la dernière fois;
Poton depuis ne sut jamais écrire.
Mais dans l'instant le brave et beau la Hire
Porte au guerrier, du grand Poton vainqueur,
Un coup mortel qui lui perce le cœur;
Son casque d'or, que sa chute détache,
Découvre un sein de roses et de lis;
Son front charmant n'a plus rien qui le cache;
Ses longs cheveux tombent sur ses habits;
Ses grands yeux bleus dans la mort endormis,
Tout laisse voir une femme adorable,
Et montre un corps formé pour les plaisirs.

Le beau la Hire en pousse des soupirs,
Répand des pleurs, et d'un ton lamentable
S'écrie : O ciel ! je suis un meurtrier,
Un housard noir plutôt qu'un chevalier :
Mon cœur, mon bras, mon épée est infâme :
Est-il permis de tuer une dame !
Mais Richemont, toujours mauvais plaisant,
Et toujours dur, lui dit : Mon cher la Hire,
Va, tes remords ont sur toi trop d'empire ;
C'est une Anglaise, et le mal n'est pas grand :
Elle n'est pas pucelle comme Jeanne.
  Tandis qu'il tient un discours si profane,
D'un coup de flèche il se sentit blessé,
Et, devenu plus fier, plus courroucé,
Il rend cent coups à la troupe bretonne,
Qui comme un flot le presse et l'environne.
La Hire et lui, nobles, bourgeois, soldats,
Portent partout les efforts de leurs bras :
On tue, on tombe, on poursuit, on recule ;
De corps sanglans un monceau s'accumule,
Et des mourans l'Anglais fait un rempart.
  Dans cette horrible et sanglante mêlée,
Le roi disait à Dunois : Cher bâtard,
Dis-moi, de grâce, où donc est-elle allée ?
Qui ? dit Dunois. Le bon roi lui repart :
Ne sais-tu pas ce qu'elle est devenue ? —
Qui donc ? — Hélas ! elle était disparue
Hier au soir, avant qu'un heureux sort
Nous eût conduits au château de Bedfort ;
Et dans la place on est entré sans elle.
Nous la trouverons bien, dit la Pucelle.
Ciel, dit le roi, qu'elle me soit fidelle !
Gardez-la moi. Pendant ce beau discours,
Il avançait et combattait toujours.

Bientôt la nuit, couvrant notre hémisphère,
L'enveloppa d'un noir et long manteau,
Et mit un terme à ce cours tout nouveau
Des beaux exploits que Charle eût voulu faire.
Comme il sortait de cette grande affaire,
Il entendit qu'on avait le matin
Vu cheminer vers la forêt voisine
Quelques tendrons du genre féminin ;
Une surtout à la taille divine
Au souris tendre, à la peau de satin,
Aux grands yeux bleus, au minois enfantin,
Que sermonnait un bon bénédictin ;
Des écuyers brillans, à mines fières,
Des chevaliers, sur leurs coursiers fringans,
Couverts d'acier, et d'or, et de rubans,
Accompagnaient les belles cavalières.
La troupe errante avait porté ses pas
Vers un palais qu'on ne connaissait pas,
Et que jamais, avant cette aventure,
On n'avait vu dans ces lieux écartés :
Rien n'égalait sa bizarre structure.
Le roi, surpris de tant de nouveautés,
Dit à Bonneau : Qui m'aime doit me suivre ;
Demain matin je veux, au point du jour,
Revoir l'objet de mon fidèle amour,
Reprendre Agnès, ou bien cesser de vivre.
Il resta peu dans les bras du sommeil ;
Et quand Phosphore, au visage vermeil,
Eut précédé les roses de l'aurore,
Quand dans le ciel on attelait encore
Les beaux coursiers que conduit le soleil,
Le roi, Bonneau, Dunois, et la Pucelle,
Allégrement se remirent en selle
Pour découvrir ce superbe palais.

Charle disait : Voyons d'abord ma belle ;
Nous rejoindrons assez tôt les Anglais ;
Le plus pressé c'est de vivre avec elle.

FIN DU CHANT XVI.

CHANT XVII.

ARGUMENT.

Comment Charles VII, Agnès, Jeanne, Donois, la Trimouille, etc., devinrent tous fous ; et comment ils revinrent en leur bon sens par les exorcismes du R. P. Bonifoux, confesseur ordinaire du roi.

OH ! que ce monde est rempli d'enchanteurs !
Je ne dirai rien des enchanteresses.
Je t'ai passé, temps heureux des faiblesses,
Printemps des fous, bel âge des erreurs ;
Mais à tout âge on trouve des trompeurs,
De vrais sorciers, tout-puissans séducteurs,
Vêtus de pourpre et rayonnans de gloire :
Au haut des cieux ils vous mènent d'abord,
Puis on vous plonge au fond de l'onde noire ;
Et vous buvez l'amertume et la mort.
Gardez-vous tous, gens de bien que vous êtes,
De vous frotter à de tels nécromans :

Et, s'il vous faut quelques enchantemens,
Aux plus grands rois préférez vos grisettes.
Hermaphrodix a bâti tout exprès
Le beau château qui retenait Agnès,
Pour se venger des belles de la France,
Des chevaliers, des ânes et des saints,
Dont la pudeur et les exploits divins
Avaient bravé sa magique puissance.
Quiconque entrait en ce maudit logis
Méconnaissait sur-le-champ ses amis,
Perdait le sens, l'esprit et la mémoire;
L'eau du Léthé que les morts allaient boire,
Les mauvais vins, funestes aux vivans,
Ont des effets bien moins extravagans.
    Sous les grands arcs d'un immense portique
Amas confus de moderne et d'antique,
Se promenait un fantôme brillant,
Au pied léger, à l'œil étincelant,
Au geste vif, à la marche égarée,
La tête haute et de clinquant parée:
On voit son corps toujours en action;
Et son nom est l'Imagination:
Non cette belle et charmante déesse
Qui présida, dans Rome et dans la Grèce,
Aux beaux travaux de tant de grands auteurs,
Qui répandit l'éclat de ses couleurs,
Ses diamans, ses immortelles fleurs,
Sur plus d'un chant du grand peintre d'Achille;
Sur la Didon que célébra Virgile,
Et qui d'Ovide anima les accens;
Mais celle-là qu'abjure le bon sens,
Cette étourdie effarée, insipide,
Que tant d'auteurs approchent de si près,
Qui les inspire, et qui servit de guide

Aux Scudéris, Le Moine, Desmarets.
Elle répand ses faveurs les plus chères
Sur nos romans, nos nouveaux opéra;
Et son empire assez long-temps dura
Sur le théâtre, au barreau, dans les chaires.
Près d'elle était le Galimatias,
Monstre bavard caressé dans ses bras,
Nommé jadis le docteur séraphique,
Subtil, profond, énergique, angélique,
Commentateur d'imagination,
Et créateur de la confusion,
Qui depuis peu fit Marie à la Coque.
Autour de lui voltige l'équivoque,
La louche énigme, et les mauvais bons mots
A double sens, qui font l'esprit des sots;
Les préjugés, les méprises, les songes,
Les contre-sens, les absurdes mensonges,
Ainsi qu'on voit aux murs d'un vieux logis
Les chats-huants et les chauve-souris.
Quoi qu'il en soit, ce damnable édifice
Fut fabriqué par un tel artifice,
Que tout mortel qui dans ces lieux viendra
Perdra l'esprit tant qu'il y restera.
A peine Agnès, avec sa douce escorte,
De ce palais avait touché la porte,
Que Bonifoux, ce grave confesseur,
Devint l'objet de sa fidèle ardeur;
Elle le prend pour son cher roi de France;
O mon héros! ô ma seule espérance!
Le juste ciel vous rend à mes souhaits;
Ces fiers Bretons sont-ils par vous défaits?
N'auriez-vous point reçu quelque blessure?
Ah! laissez-moi détacher votre armure.
Lors elle veut, d'un effort tendre et doux,

Oter le froc du père Bonifoux,
Et, dans ses bras bientôt abandonnée,
L'œil enflammé, le cou vers lui tendu,
Cherche un baiser qui soit pris et rendu.
Charmante Agnès, que tu fus consternée,
Lorsque, cherchant un menton frais tondu,
Tu ne sentis qu'une barbe tannée,
Longue, piquante, et rude, et mal peignée!
Le confesseur tout effaré s'enfuit,
Méconnaissant la belle qui le suit.
La tendre Agnès, se voyant dédaignée,
Court après lui, de pleurs toute baignée.
Comme ils couraient dans ce vaste pourpris,
L'un se signant, et l'autre tout en larmes,
Ils sont frappés des plus lugubres cris:
Un jeune objet, touchant, rempli de charmes,
Avec frayeur embrassait les genoux
D'un chevalier qui, couvert de ses armes,
L'allait bientôt immoler sous ses coups.
Peut-on connaître à cette barbarie
Ce la Trimouille et ce parfait amant
Qui de grand cœur, en tout autre moment,
Pour Dorothée aurait donné sa vie?
Il la prenait pour le fier Tirconel:
Elle n'avait nul trait en son visage
Qui ressemblât à cet Anglais cruel,
Elle cherchait le héros qui l'engage,
Le cher objet d'un amour immortel;
Et, lui parlant, sans pouvoir le connaître,
Elle lui dit: Ne l'avez-vous point vu
Ce chevalier qui de mon cœur est maître,
Qui près de moi dans ces lieux est venu?
Mon la Trimouille, hélas! est disparu.
Que fait-il donc? de grâce, où peut-il être?

Le Poitevin, à ces touchans discours,
Ne connut point ses fidèles amours;
Il croit entendre un Anglais implacable
Qui vient sur lui prêt à trancher ses jours.
Le fer en main, il se met en défense;
Vers Dorothée en mesure il avance:
Je te ferai, dit-il, changer de ton,
Fier, dédaigneux, triste, arrogant Breton;
Dur insulaire, ivre de bière forte,
C'est bien à toi de parler de la sorte,
De menacer un homme de mon nom,
Moi, petit-fils des Poitevins célèbres,
Dont les exploits au séjour des ténèbres
Ont fait passer tant d'Anglais valeureux,
Plus fiers que toi, plus grands, plus généreux!
Eh quoi! ta main ne tire pas l'épée!
De quel effroi ta vile âme est frappée!
Fier en discours et lâche en action,
Chevreuil anglais, Thersite d'Albion,
Fait pour brailler chez tes parlementaires,
Vite essayons tous deux nos cimeterres;
Ça, qu'on dégaîne, ou je vais de ma main
Signer ton front, des fronts le plus vilain,
Et t'appliquer sur ton large derrière,
A mon plaisir, deux cents coups d'étrivière.
A ce discours, qu'il prononce en fureur,
Pâle, éperdue et mourante de peur:
Je ne suis point Anglais, dit Dorothée;
J'en suis bien loin: comment, pourquoi, par où,
Me vois-je ici par vous si maltraitée?
Dans quel danger je suis précipitée!
Je cherche ici le héros du Poitou;
C'est une fille, hélas! bien tourmentée,
Qui baise en pleurs votre noble genou.

Elle parlait, mais sans être écoutée;
Et la Trimouille, étant tout-à-fait fou,
Allait déjà la prendre par le cou.
Le confesseur, qui, dans sa prompte fuite,
D'Agnès Sorel évitait la poursuite,
Bronche en courant, et tombe au milieu d'eux:
Le Poitevin veut le prendre aux cheveux,
N'en trouve point, roule avec lui par terre;
La belle Agnès, qui le suit et le serre,
Sur lui trébuche, en poussant des clameurs
Et des sanglots qu'interrompent ses pleurs;
Et sous eux tous se débat Dorothée,
Très en désordre et fort mal ajustée.
Tout au milieu de ce conflit nouveau,
Le bon roi Charle, escorté de Bonneau,
Avec Dunois et la fière Pucelle,
Entre à la fois dans ce fatal château
Pour y chercher sa maîtresse fidèle.
O grand pouvoir! ô merveille nouvelle!
A peine ils sont de cheval descendus,
Sous le portique à peine ils sont rendus,
Incontinent ils perdent la cervelle.
Tels dans Paris tous ces docteurs fourrés
Pleins d'argumens sous leurs bonnets carrés,
Vont gravement vers la Sorbonne antique,
Séjour de noise, antre théologique,
Où la Dispute et la Confusion
Ont établi leur sacré domicile,
Et dont jamais n'approcha la Raison:
Nos révérends arrivent à la file:
Ils avaient l'air d'être de sens rassis;
Chacun passait pour sage en son logis;
On les prendrait pour des gens fort honnêtes
Point querelleurs et point extravagans;

Quelques-uns même étaient de bonnes têtes :
Ils sont tous fous quand ils sont sur les bancs.
  Charle, enivré de joie et de tendresse,
Les yeux mouillés, tout pétillant d'ardeur,
Et ressentant un battement de cœur,
Disait d'un ton d'amour et de langueur :
  « Ma chère Agnès, ma pudique maîtresse,
Mon paradis, précis de tous les biens,
Combien de fois, hélas! fus-tu perdue?
A mes désirs te voilà donc rendue!
Parle d'amour, je te vois, je te tiens;
Oh! que tu fais une charmante mine!
Mais tu n'as plus cette taille si fine
Que je pouvais embrasser autrefois
En la serrant du bout de mes dix doigts.
Quel embonpoint! quel ventre! quelles fesses!
Voilà le fruit de mes tendres caresses:
Agnès est grosse, Agnès me donnera
Un beau bâtard qui pour nous combattra.
Je veux greffer, dans l'ardeur qui m'emporte,
Ce fruit nouveau sur l'arbre qui le porte:
Amour le veut; il faut que dans l'instant
J'aille au-devant de cet aimable enfant. »
  A qui le roi se faisait-il entendre?
A qui tient-il ce discours noble et tendre?
Qui tenait-il dans ses bras amoureux?
C'était Bonneau: soufflant, suant, poudreux;
C'était Bonneau; jamais homme en sa vie
Ne se sentit l'âme plus ébahie.
Charles, pressé d'un désir violent,
D'un bras nerveux le pousse tendrement;
Il le renverse; et Bonneau pesamment
S'en va tomber sur la troupe mêlée,
Qui de son poids se sentit accablée.

Ciel ! que de cris et que de hurlemens !
Le confesseur reprit un peu ses sens ;
Sa grosse panse était juste portée
Dessus Agnès et dessous Dorothée :
Il se relève, il marche, il court, il fuit ;
Tout haletant le bon Bonneau le suit.
Mais la Trimouille à l'instant s'imagine
Que sa beauté, sa maîtresse divine,
Sa Dorothée était entre les bras
Du Tourangeau qui fuyait à grands pas.
Il court après, il le presse, il lui crie :
Rends-moi mon cœur, bourreau, rends-moi ma vie!
Attends, arrête ! En prononçant ces mots,
D'un large sabre il frappe son gros dos.
Bonneau portait une épaisse cuirasse,
Et ressemblait à la pesante masse
Qui dans la forge à grand bruit retentit
Sous le marteau qui frappe et rebondit.
La peur hâtait sa marche écarquillée.
Jeanne voyant le Bonneau qui trottait,
Et les grands coups que l'autre lui portait,
Jeanne casquée et de fer habillée,
Suit à grands pas la Trimouille, et lui rend
Tout ce qu'il donne au royal confident.
Dunois, la fleur de la chevalerie,
Ne souffre pas qu'on attente à la vie
De la Trimouille ; il est son cher appui ;
C'est son destin de combattre pour lui :
Il le connaît, mais il prend la Pucelle
Pour un Anglais, il vous tombe sur elle,
Il vous l'étrille ainsi qu'elle étrillait
Le Poitevin, qui toujours chatouillait
L'ami Bonneau, qui lourdement fuyait.
Le bon roi Charle en ce désordre extrême,

Dans son Bonneau voit toujours ce qu'il aime ;
Il voit Agnès. Quel état pour un roi,
Pour un amant des amans le plus tendre !
Nul ennemi ne lui cause d'effroi ;
Contre une armée il voudrait la défendre :
Tous ces guerriers après Bonneau courans
Sont à ses yeux des ravisseurs sanglans :
L'épée au poing, sur Dunois il s'élance ;
Le beau bâtard se retourne, et lui rend
Sur la visière un énorme fendant.
Ah ! s'il savait que c'est le roi de France,
Qu'il se verrait avec un œil d'horreur !
Il périrait de honte et de douleur.
En même temps Jeanne, par lui frappée,
Lui répondit de sa puissante épée ;
Et le bâtard, incapable d'effroi,
Frappe à la fois sa maîtresse et son roi ;
A droite, à gauche, il lance sur leurs têtes
De mille coups les rapides tempêtes.
Charmant Dunois, belle Jeanne, arrêtez ;
Ciel ! quels seront vos regrets et vos larmes,
Quand vous saurez qui poursuivent vos armes,
Et qui vous frotte, et qui vous combattez !
  Le Poitevin, dans l'horrible mêlée,
De temps en temps appesantit son bras
Sur la Pucelle, et rosse ses appas.
L'ami Bonneau ne les imite pas :
Sa grosse tête était la moins troublée ;
Il recevait, mais il ne rendait point.
Il court toujours ; Bonifoux le précède,
Aiguillonné de la peur qui le point.
Le tourbillon que la rage possède,
Tous contre tous, assaillans, assaillis,
Battans, battus, dans ce grand chamaillis,

Criant, hurlant, parcourent le logis.
Agnès en pleurs, Dorothée éperdue,
Crie : Au secours ! on m'égorge ! on me tue !
Le confesseur, plein de contrition,
Menait toujours cette procession.
Il aperçoit à certaine fenêtre
De ce logis le redoutable maître,
Hermaphrodix, qui contemplait gaîment
Des bons Français le barbare tourment,
Et se tenait les deux côtés de rire.
Bonifoux vit que ce fatal empire
Était sans doute une œuvre du démon.
Il conservait un reste de raison :
Son long capuce et sa large tonsure
A sa cervelle avaient servi d'armure.
Il se souvint que notre ami Bonneau
Suivait toujours l'usage antique et beau,
Très-sagement établi par nos pères,
D'avoir sur soi les choses nécessaires,
Muscade, clou, poivre, girofle et sel.
Pour Bonifoux, il avait son missel.
Il aperçut une fontaine claire ;
Il y courut, sel et missel en main,
Bien résolu d'attraper le malin.
Le voilà donc qui travaille au mystère ;
Il dit tout bas : *Sanctam, catholicam,*
Papam, Romam, aquam benedictam ;
Puis de Bonneau prend la tasse, et va vite
Adroitement asperger d'eau bénite
Le farfadet né de la belle Alix.
Chez les païens l'eau brûlante du Styx
Fut moins fatale aux âmes criminelles :
Son cuir tanné fut couvert d'étincelles ;
Un gros nuage, enfumé, noir, épais,

Enveloppa le maître et le palais.
Les combattans, couverts d'une nuit sombre,
Couraient encore, et se cherchaient dans l'ombre.
Tout aussitôt le palais disparut;
Plus de combat, d'erreur, ni de méprise;
Chacun se vit, chacun se reconnut;
Chaque cervelle en son lieu fut remise.
A nos héros un seul moment rendit
Le peu de sens qu'un seul moment perdit:
Car la folie, hélas! ou la sagesse,
Ne tient à rien dans notre pauvre espèce.
C'était alors un grand plaisir de voir
Ces paladins aux pieds du moine noir,
Le bénissant, chantant des litanies,
Se demandant pardon de leurs folies.
O la Trimouille! ô vous, royal amant!
Qui me peindra votre ravissement?
On n'entendait que ces mots: Ah! ma belle,
Mon tout, mon roi, mon ange, ma fidèle,
C'est vous! c'est toi! jour heureux! doux momens!
Et des baisers, et des embrassemens,
Cent questions, cent réponses pressées;
Leur voix ne peut suffire à leurs pensées.
Le confesseur, d'un paternel regard,
Les lorgnait tous, et priait à l'écart.
Le grand bâtard et sa fière maîtresse
Modestement s'expliquaient leur tendresse.
De leurs amours le rare compagnon
Élève alors la tête avec le ton;
Il entonna l'octave discordante
De son gosier de cornet à bouquin.
A cette octave, à ce bruit tout divin,
Tout fut ému: la nature tremblante
Frémit d'horreur; et Jeanne vit soudain

Tomber les murs de ce palais magique,
Cent tours d'acier et cent portes d'airain,
Comme autrefois la horde mosaïque
Fit voir, au son de sa trompe hébraïque,
De Jéricho le rempart écroulé,
Réduit en poudre, à la terre égalé.
Le temps n'est plus de semblable pratique.
Alors, alors ce superbe palais,
Si brillant d'or, si noirci de forfaits,
Devint un ample et sacré monastère:
Le salon fut en chapelle changé;
Le cabinet, où ce maître enragé
Avait dormi dans le vice plongé,
Transmué fut en un beau sanctuaire.
L'ordre de Dieu, qui préside aux destins,
Ne changea point la salle des festins;
Mais elle prit le nom de réfectoire.
On y bénit le manger et le boire.
Jeanne, le cœur élevé vers les saints,
Vers Orléans, vers le sacre de Reims,
Dit à Dunois : Tout nous est favorable
Dans nos amours et dans nos grands desseins;
Espérons tout : soyez sûr que le diable
A contre nous fait son dernier effort.
Parlant ainsi, Jeanne se trompait fort.

FIN DU CHANT XVII.

CHANT XVIII.

ARGUMENT.

Disgrâce de Charles et de sa troupe dorée.

Je ne connais dans l'histoire du monde
Aucun héros, aucun homme de bien,
Aucun prophète, aucun parfait chrétien,
Qui n'ait été la dupe d'un vaurien,
Ou des jaloux, ou de l'esprit immonde.
   La providence en tout temps éprouva
Mon bon roi Charle avec mainte détresse.
Dès son berceau fort mal on l'éleva ;
Le Bourguignon poursuivit sa jeunesse;
De tous ses droits son père le priva ;
Le parlement de Paris près Gonesse,
Tuteur des rois, son pupille ajourna ;
De ses beaux lis un chef anglais s'orna ;
Il fut errant, manqua souvent de messe
Et de dîner, rarement séjourna
En même lieu ; mère, oncle, ami, maîtresse,
Tout le trahit, ou tout l'abandonna :
Un page anglais partagea la tendresse
De son Agnès ; et l'enfer déchaîna
Hermaphrodix, qui, par magique adresse,
Pour quelque temps la tête lui tourna.
Il essuya des traits de toute espèce ;
Il les souffrit, et Dieu lui pardonna.

De nos amans la troupe fière et leste
S'acheminait loin du château funeste.,
Où Belzébut dérangea le cerveau
Des chevaliers, d'Agnès, et de Bonneau :
Ils côtoyaient la forêt vaste et sombre
Qui d'Orléans porte aujourd'hui le nom ;
A peine encor l'épouse de Tithon,
En se levant, mêlait le jour à l'ombre.
On aperçut de loin des hoquetons,
Au rond bonnet, aux écourtés jupons :
Leur corselet paraissait mi-partie
De fleurs de lis et de trois léopards.
Le roi fit halte, en fixant ses regards
Sur la cohorte en la forêt blottie.
Dunois et Jeanne avancent quelques pas.
La tendre Agnès étendant ses beaux bras,
Dit à son Charle : Allons, fuyons, mon maître.
Jeanne en courant, s'approcha, vit paraître
Des malheureux deux à deux enchaînés,
Les yeux en terre, et les fronts consternés.
Hélas! ce sont des chevaliers, dit-elle,
Qui sont captifs; et c'est notre devoir
De délivrer cette troupe fidèle.
Allons, bâtard, allons, et faisons voir
Ce qu'est Dunois et ce qu'est la Pucelle.
Lance en arrêt, ils fondent à ces mots
Sur les soldats qui gardaient ces héros.
Au fier aspect de la puissante Jeanne,
Et de Dunois, et plus encor de l'âne,
D'un pas léger ces prétendus guerriers
S'en vont au loin comme des lévriers.
Jeanne aussitôt, de plaisir transportée,
Complimenta la troupe garrottée.
Beaux chevaliers, que l'Anglais mit aux fers,

Remerciez le roi qui vous délivre;
Baisez sa main, soyez prêts à le suivre,
Et vengeons-nous de ces Anglais pervers.
Les chevaliers, à cette offre courtoise,
Montraient encore une face sournoise,
Baissaient les yeux... Lecteurs impatiens,
Vous demandez qui sont ces personnages
Dont la Pucelle animait les courages.
Ces chevaliers étaient des garnemens
Qui, dans Paris payés pour leur mérite,
Allaient ramer sur le dos d'Amphitrite;
On les connut à leurs accoutremens.
En les voyant le bon Charles soupire:
Hélas! dit-il, ces objets dans mon cœur
Ont enfoncé les traits de la douleur.
Quoi! les Anglais règnent dans mon empire!
C'est en leur nom que l'on rend des arrêts!
C'est pour eux seuls que l'on dit des prières!
C'est de leur part, hélas! que mes sujets
Sont de Paris envoyés aux galères!...
Puis le bon prince avec compassion
Daigne approcher du maître compagnon,
Qui de la file était mis à la tête.
Nul malandrin n'eut l'air plus malhonnête;
Sa barbe torse ombrage un long menton;
Ses yeux tournés, plus menteurs que sa bouche,
Portent en bas un regard double et louche;
Ses sourcils roux, mélangés et retors,
Semblent loger la fraude et l'imposture;
Sur son front large est l'audace et l'injure,
L'oubli des lois, le mépris des remords;
Sa bouche écume, et sa dent toujours grince.
  Le sycophante, à l'aspect de son prince,
Affecte un air humble, dévot, contrit,

Baisse les yeux, compose et radoucit
Les traits hagards de son affreux visage.
Tel est un dogue au regard impudent,
Au gosier rauque, affamé de carnage;
Il voit son maître, il rampe doucement,
Lèche ses mains, le flatte en son langage,
Et pour du pain devient un vrai mouton.
Ou tel encore on nous peint le démon,
Qui, s'échappant des gouffres du Tartare,
Cache sa queue et sa griffe barbare,
Vient parmi nous, prend la mine et le ton,
Le front tondu d'un jeune anachorète,
Pour mieux tenter sœur Rose ou sœur Discrète.
Le roi des Francs, trompé par le félon,
Lui témoigna commisération,
L'encouragea par un discours affable.
Dis-moi quel est ton métier, pauvre diable,
Ton nom, ta place, et pour quelle action
Le Châtelet, avec tant d'indulgence,
Te fait ramer sur les mers de Provence?
Le condamné, d'un ton de doléance,
Lui répondit: O monarque trop bon!
Je suis de Nante, et mon nom est Fréron.
J'aime Jésus d'un feu pur et sincère;
Dans un couvent je fus quelque temps frère:
J'en ai les mœurs; et j'eus dans tous les temps
Un très-grand soin du salut des enfans.
A la vertu je consacrai ma vie.
Sous les charniers, qu'on dit des Innocens,
Paris m'a vu travailler de génie;
J'ai vendu cher mes feuilles à Lambert;
Je suis connu dans la place Maubert,
C'est là surtout qu'on m'a rendu justice.
Des indévots quelquefois, par malice,

M'ont reproché les faiblesses du froc,
Celles du monde et quelques tours d'escroc ;
Mais j'ai pour moi ma bonne conscience.
Ce bon propos toucha le roi de France :
Console-toi, dit-il, et ne crains rien.
Dis-moi, l'ami, si chaque camarade,
Qui vers Marseille allait en ambassade,
Ainsi que toi fut un homme de bien.
Ah ! dit Fréron, sur ma foi de chrétien,
Je réponds d'eux ainsi que de moi-même ;
Nous sommes tous en un moule jetés.
L'abbé Guyon qui marche à mes côtés,
Quoi qu'on en dise, est bien digne qu'on l'aime ;
Point étourdi, point brouillon, point menteur,
Jamais méchant, ni calomniateur.
Maître Chaumeix dessous sa mine basse
Porte un cœur haut, plein d'une sainte audace ;
Pour sa doctrine il se ferait fesser.
Maître Gauchat pourrait embarrasser
Tous les rabbins sur le texte et la glose.
Voyez plus loin cet avocat sans cause ;
Il a quitté le barreau pour le ciel.
Ce Sabatier est tout pétri de miel ;
Ah ! l'esprit fin ! le bon cœur ! le saint prêtre !
Il est bien vrai qu'il a trahi son maître,
Mais sans malice, et pour très-peu d'argent ;
Il s'est vendu, mais c'est au plus offrant :
Il trafiquait comme moi de libelles ;
Est-ce un grand mal ? on vit de son talent.
Employez-nous : nous vous serons fidèles.
En ce temps-ci la gloire et les lauriers
Sont dévolus aux auteurs des charniers.
Nos grands succès ont excité l'envie ;
Tel est le sort des auteurs, des héros,

Des grands esprits, et surtout des dévots :
Car la vertu fut toujours poursuivie.
O mon bon roi ! qui le sait mieux que vous ?
  Comme il parlait sur ce ton tendre et doux,
Charle aperçut deux tristes personnages,
Qui des deux mains cachaient leurs gros visages :
Qui sont, dit-il, ces deux rameurs honteux !
  Vous voyez là, reprit l'homme aux semaines,
Les plus discrets et les plus vertueux
De ceux qui vont sur les liquides plaines :
L'un est Fantin, prédicateur des grands,
Humble avec eux, aux petits débonnaire,
Sa piété ménagea les vivans ;
Et, pour cacher le bien qu'il savait faire,
Il confessait et volait les mourans.
L'autre est Grizel, directeur de nonnettes,
Peu soucieux de leurs faveurs secrètes,
Mais s'appliquant sagement les dépôts,
Le tout pour Dieu : son âme pure et sainte
Méprisait l'or ; mais il était en crainte
Qu'il ne tombât aux mains des indévots.
  Pour le dernier de la noble sequelle,
C'est mon soutien, c'est mon cher la Beaumelle.
De dix gredins qui m'ont vendu leur voix,
C'est le plus bas, mais c'est le plus fidèle ;
Esprit distrait, on prétend que parfois,
Tout occupé de ses œuvres chrétiennes,
Il prend d'autrui les poches pour les siennes :
Il est d'ailleurs si sage en ses écrits !
Il sait combien pour les faibles esprits
La vérité souvent est dangereuse ;
Qu'aux yeux des sots sa lumière est trompeuse ;
Qu'on en abuse ; et ce discret auteur,
Qui toujours d'elle eut une sage peur,

A résolu de ne la jamais dire.
Moi, je la dis à votre majesté ;
Je vois en vous un héros que j'admire,
Et je l'apprends à la postérité.
Favorisez ceux que la calomnie
Voulut noircir de son souffle empesté.
Sauvez les bons des filets de l'impie ;
Délivrez-nous, vengez-nous, payez-nous ;
Foi de Fréron, nous écrirons pour vous.
  Alors il fit un discours pathétique
Contre l'Anglais et pour la loi salique ;
Et démontra que bientôt, sans combat,
Avec sa plume il défendrait l'Etat.
Charle admira sa profonde doctrine ;
Il fit à tous une charmante mine,
Les assurant avec compassion
Qu'il les prenait sous sa protection.
  La belle Agnès, présente à l'entrevue,
S'attendrissait, se sentait tout émue ;
Son cœur est bon. Femme qui fait l'amour
A la douceur est toujours plus encline
Que femme prude ou bien femme héroïne :
Mon roi, dit-elle, avouez que ce jour
Est fortuné pour cette pauvre race.
Puisque ces gens contemplent votre face,
Ils sont heureux, leurs fers seront brisés ;
Votre visage est visage de grâce.
Les gens de loi sont des gens bien osés
D'instrumenter au nom d'un autre maître !
C'est mon amant qu'on doit seul reconnaître ;
Ce sont pédans en juges déguisés.
Je les ai vus, ces héros d'écritoire,
De nos bons rois, ces tuteurs prétendus,
Bourgeois altiers, tyrans en robe noire.

A leur pupille ôter ses revenus,
Par-devant eux le citer en personne,
Et gravement confisquer sa couronne.
Les gens de bien qui sont à vos genoux,
Par leurs arrêts sont traités comme vous;
Protégez-les; vos causes sont communes:
Proscrit comme eux, vengez leurs infortunes.
De ce discours le roi fut très-touché:
Vers la clémence il a toujours penché.
Jeanne, dont l'âme est d'espèce moins tendre,
Soutint au roi qu'il les fallait tous pendre;
Que les Frérons, et gens de ce métier,
N'étaient tous bons qu'à garnir un poirier.
Le grand Dunois, plus profond et plus sage,
En bon guerrier, tint un autre langage.
Souvent, dit-il, nous manquons de soldats;
Il faut des dos, des jambes et des bras:
Ces gens en ont; et, dans nos aventures,
Dans les assauts, les marches, les combats,
Nous pouvons bien nous passer d'écritures.
Enrôlons-les; mettons-leur dès demain,
Au lieu de rame, un mousquet à la main:
Ils barbouillaient du papier dans les villes;
Qu'aux champs de Mars ils deviennent utiles.
Du grand Dunois le roi goûta l'avis.
A ses genoux ces bonnes gens tombèrent
En soupirant, et de pleurs les baignèrent.
On les mena sous l'auvent d'un logis,
Où Charle, Agnès, et la troupe dorée,
Après dîner, passèrent la soirée.
Agnès eut soin que l'intendant Bonneau
Fit bien manger la troupe délivrée;
On leur donna les restes du serdeau.
Charle et les siens assez gaîment soupèrent,

Et puis Agnès et Charles se couchèrent.
En s'éveillant chacun fut bien surpris
De se trouver sans manteau, sans habits.
Agnès en vain cherche ses engageantes,
Son beau collier de perles jaunissantes
Et le portrait de son royal amant.
Le gros Bonneau, qui gardait tout l'argent
Bien enfermé dans une bourse mince,
Ne trouve plus le trésor de son prince.
Linge, vaisselle, habits, tout est troussé,
Tout est parti. La horde griffonnante,
Sous le drapeau du gazetier de Nante,
D'une main prompte et d'un zèle empressé,
Pendant la nuit avait débarrassé
Notre bon roi de son leste équipage.
Ils prétendaient que, pour de vrais guerriers,
Selon Platon, le luxe est peu d'usage:
Puis, s'esquivant par de petits sentiers,
Au cabaret la proie ils partagèrent.
Là, par écrit, doctement ils couchèrent
Un beau traité bien moral, bien chrétien;
Sur le mépris des plaisirs et du bien.
On y prouva que les hommes sont frères,
Nés tous égaux, devant tous partager
Les dons de Dieu, les humaines misères,
Vivre en commun pour se mieux soulager.
Ce livre saint, mis depuis en lumière,
Fut enrichi d'un docte commentaire
Pour diriger et l'esprit et le cœur,
Avec préface, et l'avis au lecteur.
  Du clément roi la maison consternée
Est cependant au trouble abandonnée;
On court en vain dans les champs, dans les bois.
Ainsi jadis on vit le bon Phinée,

Prince de Thrace, et le pieux Énée,
Tout effarés et de frayeur pantois,
Quand, à leur nez, les gloutonnes harpies,
Juste à midi de leurs antres sorties,
Vinrent manger le dîner de ces rois.
   Agnès timide, et Dorothée en larmes,
Ne savent plus comment couvrir leurs charmes.
Le bon Bonneau, fidèle trésorier,
Les faisait rire à force de crier.
Ah! disait-il, jamais pareille perte
Dans nos combats ne fut par nous soufferte!
Ah! j'en mourrai; les fripons m'ont tout pris;
Le roi mon maître est trop bon, quand j'y pense;
Voilà le prix de son trop d'indulgence,
Et ce qu'on gagne avec les beaux-esprits.
La douce Agnès, Agnès compatissante,
Toujours accorte, et toujours bien disante,
Lui répliqua : Mon cher et gros Bonneau,
Pour Dieu, gardez qu'une telle aventure
Ne vous inspire un dégoût tout nouveau
Pour les auteurs et la littérature;
Car j'ai connu de très-bons écrivains
Ayant le cœur aussi pur que les mains,
Sans le voler aimant le roi leur maître,
Faisant du bien sans chercher à paraître,
Parlant en prose, en vers mélodieux,
De la vertu, mais la pratiquant mieux:
Le bien public est le fruit de leurs veilles;
Le doux plaisir, déguisant leurs leçons,
Touche les cœurs en charmant les oreilles:
On les chérit; et, s'il est des frelons
Dans notre siècle, on trouve des abeilles.
   Bonneau reprit : Eh! que m'importe, hélas!
Frelon, abeille, et tout ce vain fatras?

Il faut dîner, et ma bourse est perdue.
On le console, et chacun s'évertue,
En vrais héros endurcis aux revers,
A réparer les dommages soufferts.
On s'achemine aussitôt vers la ville,
Vers ce château, le noble et sûr asile
Du grand roi Charle et de ses paladins,
Garni de tout, et fourni de bons vins.
Nos chevaliers à moitié s'équipèrent;
Fort simplement les dames s'ajustèrent:
On arriva mal en point, harassé,
Un pied tout nu, l'autre à demi chaussé.

FIN DU CHANT XVIII.

CHANT XIX.

ARGUMENT.

Mort du brave et tendre la Trimouille et de la charmante Dorothée. Le dur Tirconel se fait chartreux.

Soeur de la mort, impitoyable guerre,
Droit des brigands que nous nommons héros,
Monstre sanglant né des flancs d'Atropos,
Que tes forfaits ont dépeuplé la terre!

Tu la couvris et de sang et de pleurs.
Mais quand l'Amour joint encor ses malheurs
A ceux de Mars; lorsque la main chérie
D'un tendre amant de faveurs enivré
Répand un sang par lui-même adoré,
Et qu'il voudrait racheter de sa vie;
Lorsqu'il enfonce un poignard égaré
Au même sein que ses lèvres brûlantes
Ont marqueté d'empreintes si touchantes;
Qu'il voit fermer à la clarté du jour
Ces yeux aimés qui respiraient l'amour:
D'un tel objet les peintures terribles
Font plus d'effet sur les cœurs nés sensibles
Que cent guerriers qui terminent leur sort,
Payés d'un roi pour courir à la mort.
 Charle, entouré de la troupe royale,
Avait repris cette raison fatale,
Présent maudit dont on fait tant de cas,
Et s'en servait pour chercher les combats.
Ils cheminaient vers les murs de la ville,
Vers ce château, son noble et sûr asile,
Où se gardaient ces magasins de Mars,
Ce long amas de lances et de dards,
Et les canons que l'enfer en sa rage
Avait fondus pour notre affreux usage.
Déjà des tours le faîte paraissait:
La troupe en hâte au grand trot avançait,
Pleine d'espoir ainsi que de courage:
Mais la Trimouille, honneur des Poitevins
Et des amans, allant près de sa dame
Au petit pas, et parlant de sa flamme,
Manqua sa route, et prit d'autres chemins.
 Dans un vallon qu'arrose une onde pure,
Au fond d'un bois de cyprès toujours verts,

Qu'en pyramide a formés la nature,
Et dont le faîte a bravé cent hivers,
Il est un antre où souvent les naïades
Et les Sylvains viennent prendre le frais.
Un clair ruisseau, par des conduits secrets,
Y tombe en nappe et forme vingt cascades;
Un tapis vert est tendu tout auprès;
Le serpolet, la mélisse naissante,
Le blanc jasmin, la jonquille odorante,
Y semblent dire aux bergers d'alentour :
Reposez-vous sur ce lit de l'amour.
Le Poitevin entendit ce langage
Du fond du cœur; l'haleine des zéphyrs,
Le lieu, le temps, sa tendresse, son âge,
Surtout sa dame, allument ses désirs.
Les deux amants de cheval descendirent,
Sur le gazon côte à côte se mirent,
Et puis des fleurs, puis des baisers cueillirent :
Mars et Vénus, planant du haut des cieux,
N'ont jamais vu d'objets plus dignes d'eux.
Du fond des bois les Nymphes applaudirent :
Et les moineaux, les pigeons de ces lieux,
Prirent exemple, et s'en aimèrent mieux.
Dans le bois même était une chapelle,
Séjour funèbre à la mort consacré,
Où l'avant-veille on avait enterré
De Jean Chandos la dépouille mortelle.
Deux desservants, vêtus d'un blanc surplis,
Y dépêchaient de longs *De profundis* :
Paul Tirconel assistait au service;
Non qu'il goûtât ce dévot exercice,
Mais au défunt il était attaché :
Du preux Chandos il était frère d'armes,
Fier comme lui, comme lui débauché,

Ne connaissant ni l'amour ni les larmes :
Il conservait un reste d'amitié
Pour Jean Chandos; et dans sa violence,
Il jurait Dieu qu'il en prendrait vengeance,
Plus par colère encor que par pitié.
 Il aperçut, du coin d'une fenêtre,
Les deux chevaux qui s'amusaient à paître :
Il va vers eux; ils tournent en ruant
Vers la fontaine, où l'un et l'autre amant
A ses transports en secret s'abandonne,
Occupés d'eux et ne voyant personne.
Paul Tirconel, dont l'esprit inhumain
Ne souffrait pas les plaisirs du prochain,
Grinça des dents, et s'écria : Profanes,
C'est donc ainsi, dans votre indigne ardeur,
Que d'un héros vous insultez les mânes!
Rebut honteux d'une cour sans pudeur,
Vils ennemis, quand un Anglais succombe,
Vous célébrez ce rare événement;
Vous l'outragez au sein du monument;
Et vous venez vous baiser sur sa tombe!
Parle, est-ce toi, discourtois chevalier,
Fait pour la cour, et né pour la mollesse,
Dont la main faible aurait, par quelque adresse,
Donné la mort à ce puissant guerrier?
Quoi, sans parler tu lorgnes ta maîtresse!
Tu sens ta honte, et ton cœur se confond.
 A ce discours, la Trimouille répond :
Ce n'est point moi, je n'ai point cette gloire :
Dieu, qui conduit la valeur des héros,
Comme il lui plaît accorde la victoire.
Avec honneur je combattis Chandos;
Mais une main qui fut plus fortunée
Aux champs de Mars trancha sa destinée;

Et je pourrai peut-être dès ce jour
Punir aussi quelque Anglais à mon tour.
Comme un vent frais d'abord par son murmure
Frise en sifflant la surface des eaux,
S'élève, gronde, et, brisant les vaisseaux,
Répand l'horreur sur toute la nature;
Tels la Trimouille et le dur Tirconel
Se préparaient au terrible duel
Par ces propos pleins d'ire et de menace.
Ils sont tous deux sans casque et sans cuirasse.
Le Poitevin, sur les fleurs du gazon,
Avait jeté près de sa Milanaise
Cuirasse, lance, et sabre, et morion,
Tout son harnois, pour être plus à l'aise;
Car de quoi sert un grand sabre en amours?
Paul Tirconel marchait armé toujours,
Mais il laissa dans la chapelle ardente
Son casque d'or, sa brillante cuirasse,
Ses beaux brassards, aux mains d'un écuyer;
Il ne garda qu'un large baudrier
Qui soutenait sa lame étincelante.
Il la tira. La Trimouille à l'instant,
Prêt à punir ce brutal insulaire,
D'un saut léger à son arme sautant,
La ramassa tout bouillant de colère,
Et s'écriant: Monstre cruel, attends,
Et tu verras bientôt ce que mérite
Un scélérat qui, faisant l'hypocrite,
S'en vient troubler un rendez-vous d'amans.
Il dit, et pousse à l'Anglais formidable.
Tels en Phrygie Hector et Ménélas
Se menaçaient, se portaient le trépas,
Aux yeux d'Hélène, affligée et coupable.
L'antre, le bois, l'air, le ciel retentit

Des cris perçans que jetait Dorothée :
Jamais l'amour ne l'a plus transportée ;
Son tendre cœur jamais ne ressentit
Un trouble égal. Eh quoi ! sur le pré même
Où je goûtais les pures voluptés,
Dieux tout-puissans, je perdrais ce que j'aime !
Cher la Trimouille ! ah, barbare ! arrêtez !
Barbare Anglais, percez mon sein timide.
   Disant ces mots, courant d'un pas rapide,
Les bras tendus, les yeux étincelans,
Elle s'élance entre les combattans.
De son amant la poitrine d'albâtre,
Ce doux satin, ce sein qu'elle idolâtre,
Était déjà vivement effleuré
D'un coup terrible à grand'peine paré.
Le beau Français, que sa douleur irrite,
Sur le Breton vole et se précipite ;
Mais Dorothée était entre les deux.
O Dieu d'amour ! ô ciel ! ô coup affreux !
Oh ! quel amant pourra jamais apprendre,
Sans arroser mes écrits de ses pleurs,
Que des amans le plus beau, le plus tendre,
Le plus comblé des plus douces faveurs,
A pu frapper sa maîtresse charmante ?
Ce fer mortel, cette lame sanglante
Perçait ce cœur, ce siége des amours,
Qui, pour lui seul, fut embrasé toujours :
Elle chancelle, elle tombe expirante,
Nommant encor la Trimouille..... et la mort,
L'affreuse mort déjà s'emparait d'elle :
Elle le sent, elle fait un effort,
Rouvre les yeux qu'une nuit éternelle
Allait fermer ; et, de sa faible main,
De son amant touchant encor le sein,

Et lui jurant une ardeur immortelle,
Elle exhalait son âme et ses sanglots:
Et j'aime... j'aime... étaient les derniers mots
Que prononça cette amante fidèle.
C'était en vain ; son la Trimouille, hélas!
N'entendait rien ; les ombres du trépas
L'environnaient : il est tombé près d'elle
Sans connaissance, il était dans ses bras
Teint de son sang, et ne le sentait pas.
A ce spectacle épouvantable et tendre,
Paul Tirconel demeura quelque temps
Glacé d'horreur ; l'usage de ses sens
Fut suspendu. Tel on nous fait entendre
Que cet Atlas, que rien ne put toucher,
Prit autrefois la forme d'un rocher.
Mais la pitié, que l'aimable nature
Mit de sa main dans le fond de nos cœurs
Pour adoucir les humaines fureurs,
Se fit sentir à cette âme si dure :
Il secourut Dorothée : il trouva
Deux beaux portraits, tous deux en miniature,
Que Dorothée avec soin conserva
Dans tous les temps et dans toute aventure.
On voit dans l'un la Trimouille aux yeux bleus,
Aux cheveux blonds ; les traits de son visage
Sont fiers et doux ; la grâce et le courage
Y sont mêlés par un accord heureux.
Tirconel dit : Il est digne qu'on l'aime.
Mais que dit-il, lorsqu'au second portrait
Il aperçut qu'on l'avait peint lui-même!
Il se contemple ; il se voit trait pour trait.
Quelle surprise! En son âme il rappelle
Que, vers Milan voyageant autrefois,
Il a connu Carminetta la belle,

Noble et galante, aux Anglais peu cruelle ;
Et qu'en partant au bout de quelques mois,
La laissant grosse, il eut la complaisance
De lui donner, pour adoucir l'absence,
Ce beau portrait que du Lombard Bélin
La main savante a mis sur le vélin.
De Dorothée, hélas ! elle fut mère :
Tout est connu ; Tirconel est son père.
Il était froid, indifférent, hautain,
Mais généreux, et, dans le fond, humain.
Quand la douleur à de tels caractères
Fait éprouver ses atteintes amères,
Ses traits sur eux font des impressions
Qui n'entrent point dans les cœurs ordinaires,
Trop aisément ouverts aux passions.
L'acier, l'airain plus fortement s'allume
Que les roseaux qu'un feu léger consume.
Ce dur Anglais voit sa fille à ses pieds :
De son beau sang la mort s'est assouvie ;
Il la contemple, et ses yeux sont noyés
Des premiers pleurs qu'il versa de sa vie :
Il l'en arrose, il l'embrasse cent fois,
De hurlemens il étonne les bois ;
Et, maudissant la fortune et la guerre,
Tombe à la fin sans haleine et sans voix.
A ces accens tu rouvris la paupière,
Tu vis le jour, la Trimouille, et soudain
Tu détestas ce reste de lumière.
Il retira son arme meurtrière
Qui traversait cet adorable sein ;
Sur l'herbe rouge il pose la poignée,
Puis, sur la pointe avec force élancé,
D'un coup mortel il est bientôt percé,
Et de son sang sa maîtresse est baignée.

Aux cris affreux que poussa Tirconel,
Les écuyers, les prêtres accoururent;
Épouvantés du spectacle cruel,
Ces cœurs de glace ainsi que lui s'émurent;
Et Tirconel aurait suivi sans eux
Les deux amans au séjour ténébreux.
Ayant enfin de ce désordre extrême
Calmé l'horreur, et rentrant en lui-même,
Il fit poser ces amans malheureux
Sur un brancard que des lances formèrent:
Au camp du roi des guerriers les portèrent;
Et de leurs pleurs les chemins arrosèrent.
Paul Tirconel, homme en tout violent,
Prenait toujours son parti sur-le-champ.
Il détesta depuis son aventure,
Et femme, et fille, et toute la nature.
Il monte un barbe; et, courant sans valets,
L'œil morne et sombre, et ne parlant jamais,
Le cœur rongé, va, dans son humeur noire,
Droit à Paris, loin des rives de Loire,
En peu de jours il arrive à Calais,
S'embarque, et passe à sa terre natale,
C'est là qu'il prit la robe monacale
De saint Bruno; c'est là qu'en son ennui
Il mit le ciel entre le monde et lui,
Fuyant ce monde, et se fuyant lui-même;
C'est là qu'il fit un éternel carême:
Il y vécut sans jamais dire un mot,
Mais sans pouvoir jamais être dévot.
Quand le roi Charle, Agnès et la guerrière
Virent passer ce convoi douloureux,
Qu'on aperçut ces amans généreux,
Jadis si beaux et si long-temps heureux,
Souillés de sang et couverts de poussière,

Tous les esprits parurent effrayés,
Et tous les yeux de pleurs furent noyés.
On pleura moins dans la sanglante Troie,
Quand de la mort Hector devint la proie,
Et lorsqu'Achille, en modeste vainqueur,
Le fit traîner avec tant de douceur,
Les pieds liés et la tête pendante,
Après son char qui volait sur des morts;
Car Andromaque au moins était vivante
Quand son époux passa les sombres bords.
La belle Agnès, Agnès, toute tremblante,
Pressait le roi, qui pleurait dans ses bras,
Et lui disait : Mon cher amant, hélas!
Peut-être un jour nous serons l'un et l'autre
Portés ainsi dans l'empire des morts;
Ah! que mon âme aussi bien que mon corps
Soit à jamais unie avec la vôtre!
À ces propos, qui portaient dans les cœurs
La triste crainte et les molles douleurs,
Jeanne prenant ce ton mâle et terrible,
Organe heureux d'un courage invincible,
Dit : Ce n'est point par des gémissemens,
Par des sanglots, par des cris, par des larmes,
Qu'il faut venger ces deux nobles amans;
C'est par le sang : prenons demain les armes.
Voyez, ô roi! ces remparts d'Orléans,
Tristes remparts que l'Anglais environne.
Les champs voisins sont encor tout fumans
Du sang versé que vous-même en personne
Fîtes couler de vos royales mains.
Préparons-nous : suivez vos grands desseins;
C'est ce qu'on doit à l'ombre ensanglantée
De la Trimouille et de sa Dorothée :
Un roi doit vaincre, et non pas soupirer.

Charmante Agnès, cessez de vous livrer
Aux mouvemens d'une âme douce et bonne;
A son amant Agnès doit inspirer
Des sentimens dignes de sa couronne.
Agnès reprit : Ah! laissez-moi pleurer!

FIN DU CHANT XIX.

CHANT XX.

ARGUMENT.

Comment Jeanne tomba dans une étrange tentation; tendre témérité de son âne; belle résistance de la Pucelle.

L'homme et la femme est chose bien fragile;
Sur la vertu gardez-vous de compter.
Ce vase est beau, mais il est fait d'argile;
Un rien le casse : on peut le rajuster,
Mais ce n'est pas entreprise facile.
Garder ce vase avec précaution,
Sans le ternir, croyez-moi, c'est un rêve;
Nul n'y parvient : témoin le mari d'Ève,
Et le vieux Loth, et l'aveugle Samson,
David le saint, le sage Salomon,

Et vous surtout, sexe doux, sexe aimable,
Tant du nouveau que du vieux Testament,
Et de l'histoire, et même de la fable.
Sexe dévot, je pardonne aisément
Vos petits tours et vos petits caprices,
Vos doux refus, vos charmans artifices;
Mais j'avoûrai qu'il est de certains cas,
De certains goûts que je n'excuse pas.
J'ai vu parfois une bamboche, un singe,
Gros, court, tanné, tout velu sous le linge,
Comme un blondin caressé dans vos bras:
J'en suis fâché pour vos tendres appas.
Un âne ailé vaut cent fois mieux peut-être
Qu'un fat en robe et qu'un lourd petit-maître.
Sexe adorable, à qui j'ai consacré
Le don des vers dont je fus honoré,
Pour vous instruire, il est temps de connaître
L'erreur de Jeanne, et comme un beau grison
Pour un moment égara sa raison:
Ce n'est pas moi, c'est le sage Tritême,
Ce digne abbé, qui vous parle lui-même.
Le gros damné de père Grisbourdon,
Terrible encore au fond de sa chaudière,
En blasphémant, cherchait l'occasion
De se venger de la Pucelle altière,
Par qui, là-haut, d'un coup d'estramaçon,
Son chef tondu fut privé de son tronc.
Il s'écriait: O Belzébut, mon père!
Ne pourrais-tu dans quelque gros péché
Faire tomber cette Jeanne sévère?
J'y crois, pour moi, ton honneur attaché.
Comme il parlait, arriva plein de rage
Hermaphrodix au ténébreux rivage,
Son eau bénite encor sur le visage.

Pour se venger, l'amphibie animal
Vient s'adresser à l'auteur de tout mal.
Les voilà donc tous les trois qui conspirent
Contre une femme. Hélas! le plus souvent,
Pour les séduire, il n'en fallut pas tant.
Depuis long-temps tous les trois ils apprirent
Que Jeanne d'Arc dessous son cotillon
Gardait les clefs de la ville assiégée,
Et que le sort de la France affligée
Ne dépendait que de sa mission.
L'esprit du diable a de l'invention:
Il courut vite observer sur la terre
Ce que faisaient ses amis d'Angleterre;
En quel état et de corps et d'esprit
Se trouvait Jeanne après le grand conflit.

Le roi, Dunois, Agnès, alors fidèle,
L'âne, Bonneau, Bonnifoux, la Pucelle,
Étaient entrés vers la nuit dans le fort,
En attendant quelque nouveau renfort.
Des assiégés la brèche réparée
Aux assaillans ne permet plus l'entrée;
Des ennemis la troupe est retirée;
Les citoyens, le roi Charle, et Bedfort,
Chacun chez soi soupe en hâte et s'endort.

Muses, tremblez, de l'étrange aventure
Qu'il faut apprendre à la race future;
Et vous, lecteurs, en qui le ciel a mis
Les sages goûts d'une tendresse pure,
Remerciez et Dunois et Denis,
Qu'un grand péché n'ait pas été commis.

Il vous souvient que je vous ai promis
De vous conter les galantes merveilles
De ce Pégase aux deux longues oreilles,
Qui combattit, sous Jeanne et sous Dunois,

Les ennemis des filles et des rois.
Vous l'avez vu sur ses ailes dorées
Porter Dunois aux lombardes contrées :
Il en revint ; mais il revint jaloux.
Vous savez bien qu'en portant la Pucelle
Au fond du cœur il sentit l'étincelle
De ce beau feu, plus vif encor que doux,
Ame, ressort, et principe des mondes,
Qui, dans les airs, dans les bois, dans les ondes,
Produit les corps, et les anime tous.
Ce feu sacré, dont il nous reste encore
Quelques rayons dans ce monde épuisé,
Fut pris au ciel pour animer Pandore.
Depuis ce temps le flambeau s'est usé :
Tout est flétri ; la force languissante
De la nature, en nos malheureux jours,
Ne produit plus que d'imparfaits amours.
S'il est encore une flamme agissante,
Un germe heureux des principes divins,
Ne cherchez pas chez Vénus-Uranie,
Ne cherchez pas chez les faibles humains,
Adressez-vous aux héros d'Arcadie.
  Beaux Céladons, que des objets vainqueurs
Ont enchaînés par des liens de fleurs,
Tendres amans, en cuirasse, en soutane,
Prélats, abbés, colonels, conseillers,
Gens du bel air, et même cordeliers,
En fait d'amour défiez-vous d'un âne.
Chez les Latins le fameux âne d'or,
Si renommé par sa métamorphose,
De celui-ci n'approchait pas encor ;
Il n'était qu'homme, et c'est bien peu de chose.
  L'abbé Tritême, esprit sage et discret,
Et plus savant que le pédant Larchet,

Modeste auteur de cette noble histoire,
Fut effrayé plus qu'on ne saurait croire,
Quand il fallut aux siècles à venir
De ces excès transmettre la mémoire.
De ses trois doigts il eut peine à tenir
Sur son papier sa plume épouvantée;
Elle tomba; mais son âme agitée
Se rassura, faisant réflexion
Sur la malice et le pouvoir du diable.
Du genre humain cet ennemi coupable
Est tentateur de sa profession;
Il prend les gens en sa possession.
De tout péché ce père formidable,
Rival de Dieu, séduisit autrefois
Ma chère mère, un soir, au coin d'un bois,
Dans son jardin : ce serpent hypocrite
Lui fit manger d'une pomme maudite;
Même on prétend qu'il lui fit encor pis.
On la chassa de son beau paradis.
Depuis ce jour, Satan dans nos familles
A gouverné nos femmes et nos filles.
Le bon Tritême en avait, dans son temps,
Vu de ses yeux des exemples touchans.
Voici comment ce grand homme raconte
Du saint baudet l'insolence et la honte.
La grosse Jeanne, au visage vermeil,
Qu'ont rafraîchi les pavots du sommeil,
Entre ses draps doucement recueillie;
Se rappelait les destins de sa vie.
De tant d'exploits son jeune cœur flatté
A saint Denis n'en donna pas la gloire;
Elle conçut un grain de vanité.
Denis fâché, comme on peut bien le croire,
Pour la punir, laissa quelques momens

Sa protégée au pouvoir de ses sens.
Denis voulut que sa Jeanne, qu'il aime,
Connût enfin ce qu'on est par soi-même,
Et qu'une femme, en toute occasion,
Pour se conduire a besoin d'un patron:
Elle fut prête à devenir la proie
D'un piége affreux que tendit le démon:
On va bien loin sitôt qu'on se fourvoie.
   Le tentateur, qui ne néglige rien,
Prenait son temps; il le prend toujours bien:
Il est partout; il entra par adresse
Au corps de l'âne; il forma son esprit,
Valeur des sons à sa langue il apprit,
De sa voix rauque adoucit la rudesse,
Et l'instruisit aux finesses de l'art
Approfondi par Ovide et Bernard.
   L'âne éclairé surmonta toute honte;
De l'écurie adroitement il monte
Au pied du lit, où, dans un doux repos,
Jeanne en son cœur repassait ses travaux;
Puis, doucement s'accroupissant près d'elle,
Il la loua d'effacer les héros,
D'être invincible et surtout d'être belle.
Ainsi jadis le serpent séducteur,
Quand il voulut subjuguer notre mère,
Lui fit d'abord un compliment flatteur.
L'art de louer commença l'art de plaire.
   Où suis-je? ô ciel! s'écria Jeanne d'Arc;
Qu'ai-je entendu? par saint Luc! par saint Marc!
Est-ce mon âne? ô merveille! ô prodige!
Mon âne parle, et même il parle bien!
   L'âne à genoux, composant son maintien,
Lui dit: O d'Arc! ce n'est point un prestige;
Voyez en moi l'âne de Canaan;

Je fus nourri chez le vieux Balaam :
Chez les païens Balaam était prêtre ;
Moi, j'étais Juif ; et, sans moi, mon cher maître
Aurait maudit tout ce bon peuple élu,
Dont un grand mal fût sans doute advenu.
Adonaï récompensa mon zèle ;
Au vieil Enoc bientôt on me donna :
Enoc avait une vie immortelle ;
J'en eus autant ; et le maître ordonna
Que le ciseau de la Parque cruelle
Respecterait le fil de mes beaux ans.
Je jouis donc d'un éternel printemps.
De notre pré le maître débonnaire
Me permit tout, hors un cas seulement ;
Il m'ordonna de vivre chastement.
C'est pour un âne une terrible affaire.
Jeune et sans frein dans ce charmant séjour,
Maître de tout, j'avais droit de tout faire
Le jour, la nuit, tout, excepté l'amour.
J'obéis mieux que ce premier sot homme
Qui perdit tout pour manger une pomme.
Je fus vainqueur de mon tempérament ;
La chair se tut ; je n'eus point de faiblesses,
Je vécus vierge : or, savez-vous comment ?
Dans le pays il n'était point d'ânesses,
Je vis couler, content de mon état,
Plus de mille ans dans ce doux célibat.

Lorsque Bacchus vint du fond de la Grèce
Porter le thyrse, et la gloire, et l'ivresse
Dans les pays par le Gange arrosés,
A ce héros je servis de trompette :
Les Indiens, par nous civilisés,
Chantent encor ma gloire et leur défaite.
Silène et moi nous sommes plus connus

Que tous les grands qui suivirent Bacchus;
C'est mon nom seul, ma vertu signalée,
Qui fit depuis tout l'honneur d'Apulée.
Enfin, là-haut, dans ces plaines d'azur,
Lorsque saint George, à vos Français si dur,
Ce fier saint George, aimant toujours la guerre,
Voulut avoir un coursier d'Angleterre;
Quand saint Martin, fameux par son manteau,
Obtint encore un cheval assez beau;
Monsieur Denis, qui fait, comme eux, figure,
Voulut, comme eux, avoir une monture:
Il me choisit, près de lui m'appela;
Il me fit don de deux brillantes ailes:
Je pris mon vol aux voûtes éternelles;
Du grand saint Roch le chien me festoya;
J'eus pour ami le porc de saint Antoine,
Céleste porc, emblême de tout moine;
D'étrilles d'or mon maître m'étrilla;
Je fus nourri de nectar, d'ambroisie.
Mais, ô ma Jeanne! une si belle vie
N'approche plus du plaisir que je sens
Au doux aspect de vos charmes puissans.
Le chien, le porc, et George, et Denis même,
Ne valent pas votre beauté suprême.
Croyez surtout que de tous les emplois
Où m'éleva mon étoile bénigne,
Le plus heureux, le plus selon mon choix,
Et dont je suis peut-être le plus digne,
Est de servir sous vos augustes lois.
Quand j'ai quitté le ciel et l'empyrée,
J'ai vu par vous ma fortune honorée.
Non, je n'ai pas abandonné les cieux;
J'y suis encor; le ciel est dans vos yeux.
A ce discours, peut-être téméraire,

Jeanne sentit une juste colère :
Aimer un âne, et lui donner sa fleur !
Souffrirait-elle un pareil déshonneur,
Après avoir sauvé son innocence
Des muletiers et des héros de France ;
Après avoir, par la grâce d'en-haut,
Dans le combat mis Chandos en défaut ?
Mais que cet âne, ô ciel ! a de mérite !
Ne vaut-il pas la chèvre favorite
D'un Calabrois qui la pare de fleurs ?
Non, disait-elle ; écartons ces horreurs.
Tous ces pensers formaient une tempête
Au cœur de Jeanne et confondaient sa tête.
Ainsi qu'on voit sur les profondes mers
Les fiers tyrans des ondes et des mers,
L'un accourant des cavernes australes,
L'autre sifflant des glaces boréales,
Battre un vaisseau cinglant sur l'Océan
Vers Sumatra, Bengale ou Ceylan.
Tantôt la nef aux cieux semble portée,
Près des rochers tantôt elle est jetée ;
Tantôt l'abîme est prêt à l'engloutir,
Et des enfers elle paraît sortir.
 L'enfant malin qui tient sous son empire
Le genre humain, les ânes et les dieux,
Son arc en main, planait au haut des cieux,
Et voyait Jeanne avec un doux sourire :
De Jeanne d'Arc le grand cœur en secret
Etait flatté de l'étonnant effet
Que produisait sa beauté singulière
Sur le sens lourd d'une âme si grossière.
Vers son amant elle avança la main
Sans y songer ; puis la tira soudain.
Elle rougit, s'effraie et se condamne ;

Puis se rassure, et puis lui dit : Bel âne,
Vous concevez un chimérique espoir ;
Respectez plus ma gloire et mon devoir :
Trop de distance est entre nos espèces ;
Non, je ne puis approuver vos tendresses ;
Gardez-vous bien de me pousser à bout.
L'âne reprit : L'amour égale tout.
Songez au cygne à qui Léda fit fête,
Sans cesser d'être une personne honnête.
Connaissez-vous la fille de Minos,
Pour un taureau négligeant des héros,
Et soupirant pour son beau quadrupède ?
Sachez qu'un aigle enleva Ganymède,
Et que Philyre avait favorisé
Le dieu des mers en cheval déguisé.
Il poursuivait son discours ; et le diable,
Premier auteur des écrits de la fable,
Lui fournissait ces exemples frappans,
Et mettait l'âne au rang de nos savans.
Tandis qu'il parle avec tant d'élégance,
Le grand Dunois, qui près de là couchait,
Prêtait l'oreille, était tout stupéfait
Des traits hardis d'une telle éloquence.
Il voulut voir le héros qui parlait,
Et quel rival l'amour lui suscitait.
Il entre, il voit, ô prodige ! ô merveille !
Le possédé porteur de longue oreille,
Et ne crut pas encor ce qu'il voyait.
Jadis Vénus fut ainsi confondue,
Lorsqu'en un rets formé de fils d'airain,
Aux yeux des dieux le malheureux Vulcain
Sous le dieu Mars la montra toute nue.
Jeanne, après tout, n'a point été vaincue ;
Le bon Denis ne l'abandonnait pas ;

Près de l'abîme il affermit ses pas ;
Il la soutint dans ce péril extrême.
Jeanne s'indigne et rentre en elle-même :
Comme un soldat dans son poste endormi,
Qui se réveille aux premières alarmes,
Frotte ses yeux, saute en pied, prend les armes,
S'habille en hâte et fond sur l'ennemi.
De Débora la lance redoutable
Était chez Jeanne auprès de son chevet,
Et de malheur souvent la préservait.
Elle la prend ; la puissance du diable
Ne tint jamais contre ce fer divin.
Jeanne et Dunois fondent sur le malin ;
Le malin court, et sa voix effrayante
Fait retentir Blois, Orléans et Nante ;
Et les baudets dans le Poitou nourris
Du même ton répondaient à ses cris.
Satan fuyait ; mais, dans sa course prompte,
Il veut venger les Anglais et sa honte ;
Dans Orléans il vole, comme un trait,
Droit au logis du président Louvet.
Il s'y tapit dans le corps de madame ;
Il était sûr de gouverner cette âme :
C'était son bien : le perfide est instruit
Du mal secret qui tient la présidente ;
Il sait qu'elle aime et que Talbot l'enchante.
Le vieux serpent en secret la conduit,
Il la dirige, il l'enflamme, il espère
Qu'elle pourra prêter son ministère
Pour introduire aux remparts d'Orléans
Le beau Talbot et ses fiers combattans :
En travaillant pour les Anglais qu'il aime,
Il sait assez qu'il combat pour lui-même.

FIN DU CHANT XX.

CHANT XXI.

ARGUMENT.

Pudeur de Jeanne démontrée. Malice du diable. Rendez-vous donné par la présidente Louvet au grand Talbot. Services rendus par frère Lourdis. Belle conduite de la discrète Agnès. Repentir de l'âne. Exploits de la Pucelle. Triomphe du grand roi Charles VII.

Mon cher lecteur sait par expérience
Que ce beau dieu qu'on nous peint dans l'enfance,
Et dont les jeux ne sont pas jeux d'enfans,
A deux carquois tout-à-fait différens :
L'un a des traits dont la douce piqûre
Se fait sentir sans danger, sans douleur,
Croît par le temps, pénètre au fond du cœur,
Et vous y laisse une vive blessure;
Les autres traits sont un feu dévorant
Dont le coup part et brûle au même instant.
Dans les cinq sens ils portent le ravage;
Un rouge vif allume le visage;
D'un nouvel être on se croit animé;
D'un nouveau sang le corps est enflammé;
On n'entend rien, le regard étincelle.
L'eau sur le feu bouillonnant à grand bruit,
Qui sur ses bords s'élève, échappe, et fuit,
N'est qu'une image imparfaite, infidèle,
De ces désirs dont l'excès vous poursuit.

Profanateurs indignes de mémoire,
Vous, qui de Jeanne avez souillé la gloire,
Vils écrivains, qui, du mensonge épris,
Falsifiez les plus sages écrits,
Vous prétendez que ma Pucelle Jeanne
Pour son grison sentit ce feu profane;
Vous imprimez qu'elle a mal combattu,
Vous insultez son sexe et sa vertu.
D'écrits honteux compilateurs infâmes,
Sachez qu'on doit plus de respect aux dames;
Ne dites point que Jeanne a succombé :
Dans cette erreur nul savant n'est tombé;
Nul n'avança de faussetés pareilles.
Vous confondez et les faits et les temps;
Vous corrompez les plus rares merveilles :
Respectez l'âne et ses faits éclatants;
Vous n'avez pas ses fortunés talents,
Et vous avez de plus longues oreilles.
Si la Pucelle, en cette occasion,
Vit d'un regard de satisfaction
Les feux nouveaux qu'inspirait sa personne,
C'est vanité qu'à son sexe on pardonne,
C'est amour-propre, et non pas l'autre amour.
Pour achever de mettre en tout son jour
De Jeanne d'Arc le lustre internissable,
Pour vous prouver qu'aux malices du diable,
Aux fiers transports de cet âne éloquent,
Son noble cœur était inébranlable,
Sachez que Jeanne avait un autre amant :
C'était Dunois, comme aucun ne l'ignore,
C'est le bâtard que son grand cœur adore.
On peut d'un âne écouter les discours,
On peut sentir un vain désir de plaire,
Cette passade innocente et légère

Ne trahit point de fidèles amours.
C'est dans l'histoire une chose avérée,
Que ce héros, ce sublime Dunois,
Etait blessé d'une flèche dorée,
Qu'Amour tira de son premier carquois.
Il commanda toujours à sa tendresse;
Son cœur altier n'admit point de faiblesse;
Il aimait trop et l'État et le roi;
Leur intérêt fut sa première loi.
O Jeanne! il sait que ton beau pucelage
De la victoire est le précieux gage :
Il respectait Denis et tes appas;
Semblable au chien courageux et fidèle,
Qui, résistant à la faim qui l'appelle,
Tient la perdrix et ne la mange pas.
Mais quand il vit que le baudet céleste
Avait parlé de sa flamme funeste,
Dunois voulut en parler à son tour :
Il est des temps où le sage s'oublie.
C'était sans doute une grande folie
Que d'immoler sa patrie à l'amour;
C'était tout perdre, et Jeanne, encor honteuse
D'avoir d'un âne écouté les propos,
Résistait mal à ceux de son héros,
L'amour pressait son âme vertueuse,
C'en était fait, lorsque son doux patron
Du haut du ciel détacha son rayon,
Ce rayon d'or, sa gloire et sa monture,
Qui transporta sa béate figure,
Quand il chercha, par ses soins vigilans,
Un pucelage aux remparts d'Orléans.
Ce saint rayon, frappant au sein de Jeanne,
En écarta tout sentiment profane.
Elle cria : Cher bâtard, arrêtez,

Il n'est pas temps; nos amours sont complés :
Ne gâtons rien à notre destinée;
C'est à vous seul que ma foi s'est donnée;
Je vous promets que vous aurez ma fleur.
Mais attendons que votre bras vengeur,
Votre vertu, sous qui le Breton tremble,
Ait du pays chassé l'usurpateur :
Sur des lauriers nous coucherons ensemble.
A ce propos, le bâtard s'adoucit;
Il écouta l'oracle, et se soumit.
Jeanne reçut son pur et doux hommage
Modestement, et lui donna pour gage
Trente baisers chastes, pleins de pudeur,
Et tels qu'un frère en reçoit de sa sœur.
Dans leurs désirs tous deux ils se continrent,
Et de leurs faits honnêtement convinrent.
Denis les voit, Denis, très-satisfait,
De ses projets pressa le grand effet.
Le preux Talbot devait, cette nuit même,
Dans Orléans entrer par stratagème :
Exploit nouveau pour ses Anglais hautains,
Tous gens sensés, mais plus hardis que fins.
O dieu d'amour, ô faiblesse! ô puissance!
Amour fatal, tu fus près de livrer
Aux ennemis ce rempart de la France.
Ce que l'Anglais n'osait plus espérer,
Ce que Bedfort et son expérience,
Ce que Talbot et sa rare vaillance
Ne purent faire, Amour, tu l'entrepris!
Tu fais nos maux, cher enfant, et tu ris!
Si, dans le cours de ses vastes conquêtes
Il effleura de ses flèches honnêtes
Le cœur de Jeanne, il lança d'autres coups
Dans les cinq sens de notre présidente.

Il la frappa de sa main triomphante
Avec les traits qui rendent les gens fous.
Vous avez vu la fatale escalade,
L'assaut sanglant, l'horrible canonnade,
Tous ces combats, tous ces hardis efforts,
Au haut des murs, en dedans, en dehors,
Lorsque Talbot et ses fières cohortes
Avaient brisé les remparts et les portes,
Et que sur eux tombaient du haut des toits
Le fer, la flamme, et la mort à la fois.
L'ardent Talbot avait, d'un pas agile,
Sur des mourans pénétré dans la ville,
Renversant tout, criant à haute voix :
Anglais, entrez; bas les armes, bourgeois!
Il ressemblait au grand dieu de la guerre,
Qui sous ses pas fait retentir la terre,
Quand la Discorde, et Bellone, et le Sort,
Arment son bras, ministre de la Mort.
La présidente avait une ouverture
Dans son logis, auprès d'une masure,
Et par ce trou contemplait son amant,
Ce casque d'or, ce panache ondoyant,
Ce bras armé, ces vives étincelles
Qui s'élançaient du rond de ses prunelles,
Ce port altier, cet air d'un demi-dieu.
La présidente en était tout en feu,
Hors de ses sens, de honte dépouillée.
Telle autrefois, d'une loge grillée,
Madame Audou, dont l'amour prit le cœur,
Lorgnait Baron, cet immortel acteur,
D'un œil ardent dévorait sa figure,
Son beau maintien, ses gestes, sa parure,
Mêlait tout bas sa voix à ses accens,
Et recevait l'amour par tous les sens.

Chez la Louvet vous savez que le diable
Était entré sans se rendre importun;
Et que le diable et l'amour c'est tout un.
L'archange noir, de mal insatiable,
Prit la cornette et les traits de Suzon,
Qui dès long-temps servait dans la maison;
Fille entendue, active, nécessaire,
Coiffant, frisant, portant des billets doux,
Savante en l'art de conduire une affaire,
Et ménageant souvent deux rendez-vous,
L'un pour sa dame, et puis l'autre pour elle.
Satan, caché sous l'air de la donzelle,
Tint ce discours à notre grosse belle;
Vous connaissez mes talens et mon cœur;
Je veux servir votre innocente ardeur;
Votre intérêt d'assez près me concerne.
Mon grand cousin est de garde ce soir,
En sentinelle à certaine poterne;
Là, sans risquer que votre honneur soit terne,
Le beau Talbot peut en secret vous voir.
Écrivez-lui : Mon grand cousin est sage;
Il vous fera très-bien votre message.
La présidente écrit un beau billet,
Tendre, emporté : chaque mot porte à l'âme
La volupté; les désirs et la flamme.
On voyait bien que le diable dictait.
Le grand Talbot, habile ainsi que tendre,
Au rendez-vous fit serment de se rendre :
Mais il jura que, dans ce doux conflit,
Par les plaisirs il irait à la gloire;
Et tout fut prêt, afin qu'au saut du lit
Il ne fit plus qu'un saut à la victoire.

Il vous souvient que le frère Lourdis
Fut envoyé par le grand saint Denis

Chez les Anglais pour lui rendre service.
Il était libre et chantait son office,
Disait sa messe, et même confessait.
Le preux Talbot sur sa foi le laissait,
Ne jugeant pas qu'un rustre, un imbécile,
Un moine épais, excrément de couvent,
Qu'il avait fait fesser publiquement,
Pût traverser un général habile.
Le juste ciel en jugeait autrement.
Dans ses décrets il se complaît souvent
A se moquer des plus grands personnages:
Il prend les sots pour confondre les sages.
Un trait d'esprit, venant du paradis,
Illumina le crâne de Lourdis;
De son cerveau la matière épaissie
Devint légère, et fut moins obscurcie:
Il s'étonna de son discernement.
Las! nous pensons, le bon Dieu sait comment!
Connaissons-nous quel ressort invisible
Rend la cervelle ou plus ou moins sensible?
Connaissons-nous quels atomes divers
Font l'esprit juste ou l'esprit de travers?
Dans quels recoins du tissu cellulaire
Sont les talens de Virgile ou d'Homère?
Et quel levain, chargé d'un froid poison,
Forme un Thersite, un Zoïle, un Fréron?
Un intendant de l'empire de Flore
Près d'un œillet voit la ciguë éclore;
La cause en est au doigt du Créateur;
Elle est cachée aux yeux de tout docteur:
N'imitons pas leur babil inutile.
   Lourdis d'abord devint très-curieux;
Utilement il employa ses yeux.
Il vit marcher, sur le soir, vers la ville,

Des cuisiniers qui portaient à la file
Tous les apprêts pour un repas exquis;
Truffes, jambons, gélinottes, perdrix;
De gros flacons à panse ciselée
Rafraîchissaient, dans la glace pilée,
Ce jus brillant, ces liquides rubis
Que tient Cîteaux dans ses caveaux bénis.
Vers la poterne on marchait en silence:
Lourdis alors fut rempli de science,
Non de latin, mais de cet art heureux
De se conduire en ce monde scabreux.
Il fut doué d'une douce faconde,
Devint accort, attentif, avisé,
Regardant tout du coin d'un œil rusé,
Fin courtisan, plein d'astuce profonde,
Le moine enfin le plus moine du monde.
Ainsi l'on voit en tout temps ses pareils
De la cuisine entrer dans les conseils;
Brouillons en paix, intrigans dans la guerre,
Régnant d'abord chez le grossier bourgeois,
Puis se glissant au cabinet des rois,
Et puis enfin troublant toute la terre;
Tantôt adroits, et tantôt insolens;
Renards ou loups, ou singes ou serpens:
Voilà pourquoi les Bretons mécréans
De leur engeance ont purgé l'Angleterre.
Notre Lourdis gagne un petit sentier
Qui par un bois mène au royal quartier.
En son esprit roulant ce grand mystère,
Il va trouver Bonifoux son confrère.
Don Bonifoux, en ce même moment,
Sur les destins rêvait profondément;
Il mesurait cette chaîne invisible
Qui tient liés les destins et les temps,

Les petits faits, les grands événemens,
Et l'autre monde, et le monde sensible.
Dans son esprit il les combine tous;
Dans les effets voit la cause et l'admire;
Il en suit l'ordre: il sait qu'un rendez-vous
Peut renverser ou sauver un empire.
Le confesseur se souvenait encor
Qu'on avait vu les trois fleurs de lis d'or
En champ d'albâtre à la fesse d'un pâge,
D'un page anglais; surtout il envisage
Les murs tombés du mage Hermaphrodix.
Ce qui surtout l'étonne davantage,
C'est le bon sens, c'est l'esprit de Lourdis.
Il connut bien qu'à la fin saint Denis
De cette guerre aurait tout l'avantage.
   Lourdis se fait présenter poliment
Par Bonifoux à la royale amie;
Sur sa beauté lui fait son compliment,
Et sur le roi; puis il lui dit comment
Du grand Talbot la prudence endormie
A pour le soir un rendez-vous donné
Vers la poterne, où ce déterminé
Est attendu par la Louvet qui l'aime.
On peut, dit-il, user d'un stratagème,
Suivre Talbot, et le surprendre là,
Comme Samson le fut par Dalila.
Divine Agnès, proposez cette affaire
Au grand roi Charle. Ah! mon révérend père,
Lui dit Agnès, pensez-vous que le roi
Puisse toujours être amoureux de moi?
Je n'en sais rien: je pense qu'il se damne,
Répond Lourdis; ma robe le condamne,
Mon cœur l'absout. Ah! qu'ils sont fortunés
Ceux qui pour vous seront un jour damnés!

Agnès reprit : Moine, votre réponse
Est bien flatteuse, et de l'esprit annonce :
Puis, dans un coin le tirant à l'écart,
Elle lui dit : Auriez-vous, par hasard,
Chez les Anglais vu le jeune Monrose ?
Le moine noir l'entendit finement :
Oui, je l'ai vu, dit-il ; il est charmant.
Agnès rougit, baisse les yeux, compose
Son beau visage, et prenant par la main
L'adroit Lourdis, le mène, avant nuit close,
Au cabinet de son cher suzerain.
Lourdis y fit un discours plus qu'humain.
Le roi Charlot, qui ne le comprit guère,
Fit assembler son conseil souverain,
Ses aumôniers et son conseil de guerre.
Jeanne, au milieu des héros ses pareils,
Comme au combat assistait aux conseils.
La belle Agnès, d'une façon gentille,
Discrètement travaillant à l'aiguille,
De temps en temps donnait de bons avis,
Qui du roi Charle étaient toujours suivis.
On proposa de prendre avec adresse
Sous les remparts Talbot et sa maîtresse :
Tels dans les cieux le Soleil et Vulcain
Surprirent Mars avec son Aphrodise.
On prépara cette grande entreprise,
Qui demandait et la tête et la main.
Dunois d'abord prit le plus long chemin,
Fit une marche et pénible et savante,
Effort de l'art que dans l'histoire on vante.
Entre la ville et l'armée on passa ;
Vers la poterne enfin on se plaça.
Talbot goûtait avec sa présidente
Les premiers fruits d'une union naissante,

Se promettant que du lit aux combats,
En vrai héros il ne ferait qu'un pas.
Six régimens devaient suivre à la file.
L'ordre est donné : c'était fait de la ville.
Mais ses guerriers, de la veille engourdis,
Pétrifiés d'un sermon de Lourdis,
Bâillaient encore, et se mouvaient à peine;
L'un contre l'autre ils dormaient dans la plaine.
O grand miracle ! ô pouvoir de Denis !
    Jeanne et Dunois, et la brillante élite
Des chevaliers qui marchaient à leur suite,
Bordaient déjà, sous les murs d'Orléans,
Les longs fossés du camp des assiégeans.
Sur un cheval venu de Barbarie,
Le seul que Charle eût dans son écurie,
Jeanne avançait, en tenant d'une main
De Débora l'estramaçon divin;
A son côté pendait la noble épée
Qui d'Holopherne a la tête coupée.
Notre Pucelle, avec dévotion,
Fit à Denis tout bas cette oraison :
    « Toi qui daignas à ma faiblesse obscure,
» Dans Donremi, confier cette armure,
» Sois le soutien de ma fragilité;
» Pardonne-moi, si quelque vanité
» Flatta mes sens quand ton âne infidèle
» S'émancipa jusqu'à me trouver belle.
» Mon cher patron, daigne te souvenir
» Que c'est par moi que tu voulus punir
» De ces Anglais les ardeurs enragées
» Qui polluaient des nonnes affligées.
» Un plus grand cas se présente aujourd'hui :
» Je ne puis rien sans ton divin appui.
» Prête ta force au bras de ta servante :

» Il faut sauver la patrie expirante;
» Il faut venger les lis de Charles sept,
» Avec l'honneur du président Louvet.
» Conduis à fin cette aventure honnête:
» Ainsi le ciel te conserve la tête! »
Du haut du ciel saint Denis l'entendit,
Et dans le camp son âne la sentit:
Il sentit Jeanne; et, d'un battement d'aile,
La tête haute, il s'envole vers elle.
Il s'agenouille, il demande pardon
Des attentats de sa tendresse impure.
Je fus, dit-il, possédé du démon;
Je m'en repens. Il pleure, il la conjure
De le monter; il ne saurait souffrir
Que sous sa Jeanne un autre ose courir.
Jeanne vit bien qu'une vertu divine
Lui ramenait la volatile asine.
Au pénitent sa grâce elle accorda,
Fessa son âne, et lui recommanda
D'être à jamais plus discret et plus sage.
L'âne le jure, et rempli de courage,
Fier de sa charge, il la porte dans l'air.
Sur les Anglais il fond comme un éclair,
Comme un éclair que la foudre accompagne.
Jeanne, en volant, inonde la campagne
De flots de sang, de membres dispersés;
Coupe cent cous l'un sur l'autre entassés.
Dans son croissant de la nuit la courrière
Lui fournissait sa douteuse lumière.
L'Anglais surpris, encor tout étourdi,
Regarde en haut d'où le coup est parti;
Il ne voit point la lance qui le tue:
La troupe fuit, égarée, éperdue,
Et va tomber dans les mains de Dunois.
Charles se voit le plus heureux des rois;

Ses ennemis à ses coups se présentent,
Tels que perdreaux en l'air éparpillés,
Tombant en foule, et par le chien pillés,
Sous le fusil la bruyère ensanglantent.
La voix de l'âne inspire la terreur;
Jeanne, d'en haut, étend son bras vengeur,
Poursuit, pourfend, perce, coupe, déchire:
Dunois assomme, et le bon Charles tire
A son plaisir tout ce qui fuit de peur.
  Le beau Talbot, tout enivré des charmes
De sa Louvet, et de plaisirs rendu,
Sur son beau sein mollement étendu,
A sa poterne entend le bruit des armes;
Il en triomphe; il disait à par soi:
Voilà mes gens; Orléans est à moi.
Il s'applaudit de ses ruses habiles.
Amour, dit-il, c'est toi qui prends les villes.
Dans cet espoir Talbot encouragé
Donne à sa belle un baiser de congé.
Il sort du lit, il s'habille, il s'avance
Pour recevoir les vainqueurs de la France.
  Auprès de lui le grand Talbot n'avait
Qu'un écuyer qui toujours le suivait.
Grand confident, et rempli de vaillance,
Digne vassal d'un si galant héros,
Gardant sa lance ainsi que les manteaux.
Entrez, amis, saisissez votre proie,
Criait Talbot: mais courte fut sa joie.
Au lieu d'amis, Jeanne, la lance en main,
Fondait vers lui sur son âne divin.
Deux cents Français entrent par la poterne:
Talbot frémit, la terreur le consterne.
Ces bons Français criaient: « Vive le roi!
» A boire! à boire! avançons; marche à moi:
» A moi, Gascons, Picards; qu'on s'évertue;

» Point de quartier; les voilà; tire, tue. »
  Talbot, remis du long saisissement
Que lui causa le premier mouvement,
A sa poterne ose encor se défendre.
Tel, tout sanglant, dans sa patrie en cendre,
Le fils d'Anchise attaquait son vainqueur.
Talbot combat avec plus de fureur,
Il est Anglais; l'écuyer le seconde:
Talbot et lui combattraient tout un monde.
Tantôt de front, et tantôt dos à dos,
De leurs vainqueurs ils repoussent les flots;
Mais à la fin leur vigueur épuisée
Cède aux Français une victoire aisée.
Talbot se rend, mais sans être abattu:
Jeanne et Dunois prisèrent sa vertu.
Ils vont tous deux, de manière engageante,
Au président rendre la présidente.
Sans nul soupçon il la reçoit très-bien;
Les bons maris ne savent jamais rien:
Louvet toujours ignora que la France
A sa Louvet devait sa délivrance.
Du haut des cieux Denis applaudissait;
Sur son cheval saint George frémissait;
L'âne entonnait son octave écorchante,
Qui des Bretons redoublait l'épouvante.
Le roi, qu'on mit au rang des conquérans,
Avec Agnès soupa dans Orléans.
La même nuit, la fière et tendre Jeanne,
Ayant au ciel renvoyé son bel âne,
De son serment accomplissant les lois,
Tint sa parole à son ami Dunois.
Lourdis, mêlé dans la troupe fidèle,
Criait encore: « Anglais, elle est pucelle! »

FIN DE LA PUCELLE.

Le chant de Corisandre était le quatorzième de la Pucelle dans les premières éditions; mais il fut supprimé depuis par l'auteur, et compris dans les variantes. Comme son importance et son étendue distinguent ce chant des variantes ordinaires, nous avons cru devoir l'imprimer à part à la suite de la Pucelle.

CORISANDRE.

Mon cher lecteur sait par expérience
Que ce beau dieu qu'on nous peint dans l'enfance,
Et dont les jeux ne sont point jeu d'enfans,
A deux carquois tout-à-fait différens.
L'un a des traits dont la douce piqûre
Se fait sentir sans danger, sans douleur,
Croît par le temps, pénètre au fond du cœur,
Et vous y laisse une vive blessure.
Les autres traits sont un feu dévorant,
Dont le coup part et brûle au même instant.
Dans les cinq sens il porte le ravage.
Un rouge vif allume le visage;
D'un nouvel être on se croit animé;
D'un nouveau sang le corps est enflammé;
On n'entend rien; le regard étincelle.
L'eau sur le feu bouillonnant à grand bruit,
Qui sur ses bords s'élève, échappe et fuit,
N'est qu'une image imparfaite, infidèle,
De ces désirs dont l'excès vous poursuit.
Vous connaissez tous ces états, mes frères;
Mais ce tyran de nos âmes légères,
Ce dieu fripon, cet étourdi d'Amour,
Faisait alors un bien plus plaisant tour.
Il fit loger entre Blois et Cutendre
Une beauté dont les aimables traits
Auraient passé tous les charmes d'Agnès,

Si cette belle avait eu le cœur tendre.
Beau don qui vaut tous les autres attraits :
C'était la jeune et sotte Corisandre.
L'Amour voulût que tout roi, chevalier,
Homme d'église et jeune bachelier,
Dès qu'il verrait cette belle imbécile,
Perdît le sens à se faire lier.
Mais les valets, le peuple, espèce vile,
Étaient exempts de la bizarre loi :
Il fallait être ou noble, ou prêtre, ou roi,
Pour être fou. Ce n'est pas tout encore :
L'art d'Esculape et cent grains d'hellébore
Contre ce mal étaient un vain secours;
Et la cervelle empirait tous les jours,
Jusqu'au moment où la belle innocente
Pour quelque amant serait compatissante :
Et ce moment du ciel était prescrit
Pour que la sotte eût enfin de l'esprit.
   Plus d'un galant né sur les bords de Loire,
Pour avoir vu Corisandre une fois,
Avait perdu le sens et la mémoire.
L'un se croit cerf, et broute dans les bois,
L'autre imagine avoir un cul de verre;
Dès qu'un passant le heurte en son chemin ;
Il va criant qu'on casse son derrière.
Bertaud se croit du sexe féminin,
Porte une jupe, et se meurt de tristesse
Qu'à la trousser nul amant ne s'empresse :
D'un large bât Mérardon s'est chargé ;
Il se croit âne, et ne se trompe guère,
Veut qu'on le charge, et ne cesse de braire.
Culand se croit en marmite changé,
Marche à trois pieds ; une main pose à terre ;
L'autre fait l'anse. Hélas! chacun de nous

Pourrait fort bien se mettre au rang des fous,
Sans avoir vu la belle Corisandre.
Quel bon esprit ne se laisse surprendre
A ses désirs, et qui n'a ses travers ?
Chacun est fou tant en prose qu'en vers.
Or Corisandre avait une grand' mère,
Femme de bien, d'une humeur peu sévère,
Dont en secret l'orgueil se complaisait
A voir les fous que sa fille faisait.
Mais, de scrupule à la fin obsédée,
Elle eut pitié d'un si triste fléau.
Notre beauté, si fatale au cerveau,
Fut dans sa chambre étroitement gardée;
On fit poster, pour garder le château,
Deux champions à la mine assurée,
Qui défendaient l'accès de la maison
A tout venant qui risquait sa raison.
La belle sotte, ainsi claquemurée,
Filait, cousait, et chantait sans penser,
Sans nul regret qui vînt la traverser,
Sans goût, sans soin et sans la moindre envie
De s'appliquer à guérir la folie
De ses amans ; ce qui n'aurait tenu
Qu'à dire oui, si la belle eût voulu.
Le fier Chandos, encor tout en colère
D'avoir manqué sa gentille adversaire,
Vers ses Anglais retournait en grondant,
Semblable au chien dont la vorace dent
Saisit en vain le lièvre qui s'échappe ;
Il tourne, il crie, il vire, il pleure, il jappe,
Puis vers son maître approche à petit pas,
Portant la queue et l'oreille fort bas.
Chandos maudit son animal revêche ;
Qui lui fit faute en ce brave duel.

Son général cependant lui dépêche,
Pour le hâter, un jeune colonel,
Brave Irlandais, nommé Paul Tirconel,
Portant l'air haut, une large poitrine,
Jarrets tendus, bras nerveux, double échine[1],
Au sourcil fier; on voit bien à sa mine
Qu'il n'a jamais essuyé cet affront
Qui de Chandos faisait rougir le front.
Ces deux guerriers, avec leur noble escorte,
De Corisandre arrivant à la porte,
Veulent entrer; quand des deux portiers l'un
Crie : Arrêtez, gardez-vous d'entreprendre
De pénétrer jusques à Corisandre,
Si vous voulez garder le sens commun:
Le fier Chandos, qui croit qu'on l'injurie,
Pousse en avant; et, frappant en furie,
D'un coup d'estoc renverse à douze pas
Un des huissiers, qui se démet le bras,
Et, tout meurtri, roule au loin sur le sable.
Paul Tirconel, non moins impitoyable,
De l'éperon donne à la fois deux coups,
Lâche la bride et serre les genoux.
Son beau coursier, plus prompt que la tempête,
Saute, bondit, et passe sur la tête
De l'autre huissier, qui lève un œil confus,
Reste un moment interdit et perclus,
Et, se tournant, reçoit une ruade
Qui vous l'étend près de son camarade.
Tel, en province, un brillant officier,
Jeune, galant, aigrefin, petit-maître,
Court au spectacle, et rosse le portier,
Gagne une loge, et, placé sans payer,
Siffle par air tout ce qu'il voit paraître.
La suite anglaise arrive dans la cour:

La vieille dame y descend éplorée.
A ce grand bruit, Corisandre effarée,
Prend un jupon, sort de la chambre, accourt.
Chandos leur fait un compliment fort court,
En digne Anglais, qui de parler n'a cure :
Mais, observant l'innocente figure,
Ce teint de lis, ces charmes succulens,
Ces bras d'ivoire, et ces tétons naissans
Que de ses mains arrondit la nature,
Il s'en promet une heureuse aventure;
Et Corisandre, à l'hébété maintien,
Jette au hasard un œil qui ne dit rien.
Pour Tirconel, d'une façon gentille
Il salua la grand' mère et la fille,
Et pour sa part fit aussi les yeux doux.
Qu'arriva-t-il? les voilà tous deux fous.
Chandos, atteint de cette maladie,
En maquignon natif de Normandie,
Pour un cheval prend la jeune beauté,
Prétend qu'il soit sellé, bridé, monté,
Et puis claquant sa croupe rebondie,
D'un demi-tour s'élance sur son dos.
La belle plie, et tombe sous Chandos;
Quand Tirconel, par une autre manie,
Au même instant se croit cabaretier,
Et prend la belle à genoux accroupie
Pour un tonneau, prétend le relier,
Et le percer, et surtout essayer
De la liqueur que Bacchus a rougie.
  Tout chevauchant, alors Chandos lui crie
Vous êtes fou! *God demn!* l'esprit malin
A détraqué, je crois, votre cervelle.
Quoi! vous prenez pour un tonneau de vin
Mon cheval blanc à crinière isabelle? —

C'est mon tonneau ; j'en porte le bondon.—
C'est mon cheval.—C'est mon tonneau, mon frère.
Également tous deux avaient raison :
Chacun soutient sa brave opinion.
Un jacobin se met moins en colère
Pour saint Thomas, ou tel autre saint père,
Et d'Olivet pour son cher Cicéron.
Des démentis en réplique et duplique,
Et certains mots que, grâce à ma pudeur,
Mon style honnête épargne à mon lecteur,
Mots effrayans par qui l'honneur se pique,
Font que déjà nos illustres Bretons
Ont dégainé leurs fiers estramaçons.
Comme le vent, dans son faible murmure,
Frise d'abord la surface des eaux,
S'élève, gronde, et, brisant les vaisseaux,
Répand l'horreur sur toute la nature :
Ainsi l'on vit nos deux Anglais d'abord
Se plaisanter, faire semblant de rire,
Puis se fâcher, puis, dans leur noir délire,
Se menacer et se porter la mort.
Tous deux en garde, en la même posture,
Le bras tendu, le corps en son profil,
La tête haute, et le bras de droit fil,
En quarte, en tierce, ils tâtent leur peau dure.
Mais aussitôt, sans règle ni mesure,
Plus acharnés, plus fiers, plus en courroux,
Du fer tranchant ils portent de grands coups.
Au mont Etna, dans leur forge brûlante,
Du noir cocu les borgnes compagnons
Font retentir l'enclume étincelante
Sous des marteaux moins redoublés, moins prompts,
En préparant au maître du tonnerre
Le gros canon dont se moque la terre.

Des deux côtés le sang est répandu,
Du bras, du col, et du crâne fendu;
Malgré l'acier de leur brillante armure,
Sans qu'un seul cri succède à la blessure.
La bonne mère en gémit de douleur,
Dit son *Pater*, demande un confesseur;
Et cependant sa fille, avec langueur,
Se rengorgeant, rajuste sa coiffure.
Nos deux Anglais, lassés, sanglans, rendus,
Gisaient tous deux sur la terre étendus,
Quand arriva notre bon roi de France,
Et ces héros, brillans porteurs de lance,
Et ces beautés qui formaient une cour
Digne de Mars et du dieu de l'amour.
La belle sotte au-devant d'eux s'avance,
Fait gauchement une humble révérence,
Nonchalamment leur donne le bonjour,
Et les voit tous avec indifférence.
Qui l'aurait cru, que la nature mît
Tant de poison dans des yeux sans esprit!
Des beaux Français les têtes détraquées
Sont par la belle à peine remarquées.
Les dons du ciel versés bénignement
Sont des mortels reçus différemment:
Tout se façonne à notre caractère:
Diversement sur nous la grâce opère.
Le même suc, dont la terre nourrit
Des fruits divers les semences écloses,
Fait des œillets, des chardons et des roses.
Chacun se sent des mœurs de son pays:
Tout se varie: une tête française
Tourne autrement qu'une cervelle anglaise.
Chez les Anglais, sombres et durs esprits,
Toute folie est noire, atrabilaire;

Chez les Français elle est vive et légère.
D'abord nos gens, se prenant par la main,
Dansent en rond, et chantent le refrain.
Le gros Bonneau lourdement se démène,
Hors de cadence, ainsi que hors d'haleine :
Bréviaire en main, le père Bonifoux
A pas plus lents danse avec tous ces fous :
Il s'est placé tout auprès du beau page,
D'un air dévot lorgnant ce beau visage :
A son souris, à son dévot langage,
A ses yeux doux, à ses mains, à son ton,
On lui croirait un reste de raison.
Le mal nouveau qui fascine la vue
De la royale et dansante cohue,
Leur fait penser que la cour du château
Est un jardin avec un bassin d'eau ;
Et, voulant tous s'y baigner, ils dépouillent
Leurs corselets ; et, nus sur le gazon,
Nageant à vide et levant le menton,
Dans l'onde claire ils pensent qu'ils se mouillent :
Et remarquez que le moine engageant
Près de Monrose allait toujours nageant.
A cet amas de têtes sans cervelle,
A ces objets, à tant de nudités,
On vit d'abord nos pudiques beautés,
La Dorothée, Agnès, et la Pucelle,
Qui détournaient leur discrète prunelle,
Puis regardaient, et puis levaient les yeux
Avec le cœur et les mains vers les cieux.
Quoi! s'écria l'inébranlable Jeanne,
J'aurai pour moi saint Denis et mon âne ;
J'aurai battu plus d'un Anglais profane,
Vengé mon prince, et sauvé des couvens ;
J'aurai marché vers les murs d'Orléans ;

Le tout en vain! le destin nous condamne
A voir périr nos travaux impuissans,
Et nos héros à perdre le bon sens!
La douce Agnès, la tendre Dorothée
De nos nageurs se tenaient à portée,
Pleuraient tantôt, et riaient quelquefois,
De voir si fous des héros et des rois.
Mais que résoudre? où fuir? quel parti prendre?
On regrettait le château de Cutendré.
Une servante en secret leur apprit
Comme on trouvait au logis de la belle
L'art de guérir ceux qui perdaient l'esprit.
Le Providence a décrété, dit-elle,
Que le bon sens ne peut être hébergé
Chez les cerveaux dont il a délogé,
Que quand enfin la belle Corisandre
Aux lacs d'amour se laissera surprendre.
Ce bon avis ne fut pas sans profit;
Le muletier par bonheur l'entendit;
Car vous saurez que ce valet terrible,
Pour Jeanne d'Arc étant toujours sensible,
Jaloux de l'âne, avait d'un pied discret
Suivi de loin l'amazone en secret.
Il se sentit la noble confiance
De secourir et son prince et la France.
La belle était justement dans un coin
Propre au mystère : il l'aperçut de loin.
Du moine noir il s'avisa de prendre
L'accoutrement : la belle, à cet aspect,
Sentit son cœur saisi d'un saint respect;
Elle obéit sans oser se défendre,
Innocemment, et sans réflexion,
Comme faisant une bonne action.
Le muletier fit tant par ses menées,

Qu'il accomplit ses hautes destinées.
Il la subjugue. A peine elle sentit
La volupté, dont la triste ignorance
De sa jeune âme abrutissait l'essence,
De tous côtés le charme se rompit;
Chaque cervelle aussitôt fut remise
En son état, non sans quelque méprise;
Car le roi Charle obtint le gros bon sens
Du vieux Bonneau, lequel eut en partage
Celui du moine; et chacun des galans
Troqua de même. On eut peu d'avantage
Dans ces marchés : la raison des humains,
Ce don de Dieu, n'est que fort peu de chose;
Il ne l'a pas versée à pleines mains,
Et tout mortel est content de sa dose.
Ce changement n'en produisit aucun
Chez les amants : chacun pour sa maîtresse
Garda son goût, conserva sa tendresse;
Car en amour que fait le sens commun?
Pour Corisandre, elle obtint la science
Du bien, du mal, une honnête assurance,
De l'art, du goût, enfin mille agrémens
Qu'elle ignorait dans sa triste innocence :
Un muletier lui fit tous ces présens.
Ainsi d'Adam la compagne imbécile,
Dans son jardin vivant sans volupté,
Dès que du diable elle eut un peu tâté,
Devint charmante, éclairée et subtile,
Telles que sont les femmes de nos jours,
Sans appeler le diable à leur secours.

FIN DU CHANT DE CORISANDRE.

LE CADENAS.

Je triomphais ; l'Amour était le maître,
Et je touchais à ces momens trop courts
De mon bonheur et du vôtre peut-être ;
Mais un tyran veut troubler nos beaux jours ;
C'est votre époux : geolier sexagénaire,
Il a fermé le libre sanctuaire
De vos appas ; et trompant nos désirs,
Il tient la clef du séjour des plaisirs.
Pour éclaircir ce douloureux mystère,
D'un peu plus haut reprenons cette affaire.
    Vous connaissez la déesse Cérès ;
Or, en son temps Cérès eut une fille,
Semblable à vous, à vos scrupules près,
Brune, piquante, honneur de sa famille,
Tendre surtout, et menant à sa cour
L'aveugle enfant que l'on appelle Amour.
Un autre aveugle, hélas ! bien moins aimable,
Le triste Hymen, la traita comme vous.
Le vieux Pluton, riche autant qu'haïssable,
Dans les enfers fut son indigne époux :
Il était dieu, mais avare et jaloux ;
Il fut cocu, car c'était la justice.
Pirithoüs, son fortuné rival,
Beau, jeune, adroit, complaisant, libéral,
Au dieu Pluton donna le bénéfice

De cocuage. Or ne demandez pas
Comment un homme avant sa dernière heure
Put pénétrer dans la sombre demeure.
Cet homme aimait, l'Amour guida ses pas :
Mais aux enfers, comme aux lieux où vous êtes,
Voyez qu'il est peu d'intrigues secrètes !
De sa chaudière, un traître d'espion
Vit le grand cas, et dit tout à Pluton ;
Il ajouta que même à la sourdine
Plus d'un damné festoyait Proserpine.
Le dieu cornu, dans son noir tribunal,
Fit convoquer son sénat infernal ;
Il assembla les détestables âmes
De tous ces saints dévolus aux enfers,
Qui dès long-temps en cocuage experts,
Pendant leur vie ont tourmenté leurs femmes.
Un Florentin lui dit : Frère et Seigneur,
Pour détourner la maligne influence
Dont votre altesse a fait l'expérience,
Tuer sa dame est toujours le meilleur :
Mais, las, seigneur, la vôtre est immortelle.
Je voudrais donc, pour votre sûreté,
Qu'un cadenas de structure nouvelle
Fût le garant de sa fidélité :
A la vertu par la force asservie,
Lors vos plaisirs borneront son envie :
Plus ne sera d'amant favorisé.
Et plût aux Dieux que quand j'étais en vie,
D'un tel secret je me fusse avisé !
A ce discours les damnés applaudirent,
Et sur l'airain les Parques l'écrivirent.
En un moment, feux, enclumes, fourneaux,
Sont préparés aux gouffres infernaux ;
Tisiphoné, de ces lieux serrurière,

Au cadenas met la main la première :
Elle l'achève, et des mains de Pluton
Proserpine reçut ce triste don.
On m'a conté qu'essayant son ouvrage,
Le cruel dieu fut ému de pitié,
Qu'avec tendresse il dit à sa moitié :
Que je vous plains! vous allez être sage.
  Or, ce secret aux enfers inventé,
Chez les humains tôt après fut porté ;
Et depuis ce, dans Venise et dans Rome,
Il n'est pédant, bourgeois, ni gentilhomme,
Qui, pour garder l'honneur de sa maison,
De cadenas n'ait sa provision.
Là, tout jaloux, sans craindre qu'on le blâme,
Tient sous la clef la vertu de sa femme.
Or votre époux dans Rome a fréquenté ;
Chez les méchans on se gâte sans peine,
Et le galant vit fort à la romaine.
Mais son trésor est-il en sûreté?
A ses projets l'Amour sera funeste ;
Ce dieu charmant sera notre vengeur ;
Car vous m'aimez ; et quand on a le cœur
De femme honnête, on a bientôt le reste.

FIN.

TABLE DES PIÈCES

CONTENUES

DANS CE VOLUME.

. . . . . . or e a ga erie

les g ds o ciers portant les honneurs de l'impératrice, passèrent successivement par le couloir de la droite, descendirent l'escalier et allèrent reprendr leur ordre. L'impératrice descendit du trône, suivi des princesses, de sa dame d'honneur, de sa dame d'a tour, de ses dames du palais et des officiers des princesses ; ensuite, elle se mit sous son dais et continu la marche jusqu'à l'Archevêché.

www.ingramcontent.com/pod-product-compliance
Lightning Source LLC
LaVergne TN
LVHW050509100826
845148LV00002B/276

* 9 7 8 2 0 1 2 5 6 3 5 6 8 *